„Tut dies zu meinem Gedächtnis"

Die Heilige Messe - (k)ein Geheimnis?

„Tut dies zu meinem Gedächtnis"

Die Heilige Messe - (k)ein Geheimnis?

Ich bekenne Gott dem Allmächtigen und allen Brüdern und Schwestern, daß ......
ich reichlich wenig wußte über die Heilige Messe, außer, daß es das große Geheimnis ist, das Jesus uns aufgetragen hat zu feiern.

Peter Koros

Autoren: Peter Koros
Pater Petar Ljubicic OFM
Pater Dietrich von Stockhausen CRVC

1. Auflage 2006

Satz und   Peter Koros
Layout   D-97616 Bad Neustadt

Druck und   fgb freiburger graphische betriebe
Bindung   D-79121 Freiburg im Breisgau

Verlag & Bestelladresse:

**Bücher, Devotionalien, Pilgerreisen
Peter Koros
Schäferweg 5
97616 Bad Neustadt
Tel. 09771-991390 Fax 09771-991380**

**Email: Peter-Koros@T-Online.de
Internet: www.koros.de**

ISBN 3-9810536-1-3

Diese Buch ist eine Hinführung zum
besseren Verstehen der Heiligen Messe,
der einzelnen Handlungen
und ihrer Symbolik.

Eine Einladung zum
Miterleben der Heiligen Messe

Mein Weg zum Verständnis der Heiligen Messe

Das kleine Fritzchen bekommt von der Oma erzählt, was sie jedes Mal Wunderbares miterleben darf, wenn sie zur Heiligen Messe in die Kirche geht. Ganz besonders erklärt sie ihm, daß nach der Heiligen Wandlung Jesus in der Heiligen Hostie ist, ja daß sogar nur noch für unser Auge es eine Hostie ist, in Wirklichkeit ist es jetzt Jesus. Fritzchen will auch einmal mit in die Kirche und Oma nimmt ihn mit. Damit er alles genau sehen kann, will er natürlich möglichst weit nach vorne, und Oma geht mit ihm in die vordere Bank. Während der ganzen Heiligen Messe schaut Fritzchen genau zu. Nach der Heiligen Wandlung flüstert die Oma ihm sogar noch ins Ohr, daß jetzt die Hostie verwandelt ist und jetzt der liebe Jesus darin verborgen ist. Jetzt kommt es im Ablauf der Heiligen Messe zum Agnus Dei, und der Priester bricht die Heilige Hostie entzwei. Da schaut das Fritzchen entsetzt hin, stößt die Oma kräftig in die Rippen und sagt ganz entsetzt: „Oma, der macht Jesus kaputt."

Warum bricht der Priester die Heilige Hostie auseinander,
warum kommt ein Tropfen Wasser in den Wein?

Diese und andere Fragen zum Ablauf und tieferen Sinn der Heiligen Messe - können wir sie beantworten? - Ich konnte es nicht!

Wobei ein vollkommenes Verstehen niemals möglich sein wird, es ist und bleibt für uns ein Mysterium.

Wir waren die ganzen Jahre zu so genannten Taufscheinchristen verkommen und hatten mit der Kirche wenig zu tun.
Meine Frau begann als Erste wieder mit der katholischen Kirche und dem Glauben anzufangen, und wie es sich gehört, wollte sie alles gleich richtig machen und nicht halbherzig. Also war auch für den Sonntag der Kirchgang angesagt, so wie wir es ja mal

gelernt hatten. Nach langen Diskussionen wurde ich überzeugt und ich „durfte" mitgehen. Aber vorsichtshalber waren wir nicht in unserer Heimatgemeinde gegangen, wo uns jeder kennt, wir hätten uns ja blamieren können, weil wir ja nicht mehr wußten, wann man aufsteht, sitzt oder kniet und was man sonst noch alles machen muß.

Es ist Sonntag, wir gehen zur Heiligen Messe. In der Kirche angekommen, nehmen wir Platz in einer Bank. Ich soll versuchen, andächtig dabei zu sein, sagte mir meine Frau. Die Heilige Messe ist ein großes Geheimnis und man bekommt viele Gnaden, wenn man zur Heiligen Messe geht. Ich habe so meine Probleme mit der Andacht, ich bin doch sehr abgelenkt und mit anderen Dingen beschäftigt, schaue, wer alles da ist, ob mich einer kennt, was die anderen so machen, ob die wohl ausgeschlafen haben, was die anderen anhaben, ob die wohl auch das so genannte Festtagsgewand anhaben?
Dann hat die Messe begonnen. An der Anzeigetafel werden die Liednummern eingeblendet. Alles ist im Gotteslob am Suchen, um das richtige Lied zu finden und es wird gesungen, abwechselnd gebetet und es folgen Lesungen usw. Dann wurde es still in der Kirche und verschiedene Personen begannen sich niederzuknien, das war der Moment der Heiligen Wandlung, soviel wußte ich noch.
Danach wurde das Vaterunser gesungen. Gleich ging es weiter mit einem Lied. Alle standen auf und gingen nach vorne zur Heiligen Kommunion. Kaum, daß wir in der Bank zurück waren, folgte gleich noch ein Lied. Der Priester gab uns noch den Segen und dann sagte er: „Gehet hin in Frieden".
Verstanden von dem Ablauf der Heiligen Messe hatte ich nichts.

Ich fragte mich, ob ich in einer Singstunde mit kurzen Unterbrechungen war. Und dafür bin ich extra aus meinem schönen warmen Bett aufgestanden und zur Kirche mitgegangen. Meine Frau weiß doch, daß ich kein Freund der Sangeskunst bin, noch nie ein Sängerknabe war und vermutlich auch keiner werde.

Warum also sollte ich unbedingt mit zur Heiligen Messe und das noch an meinem freien Tag in der Woche, wo ich endlich ausspannen und faulenzen konnte.

Das große und wunderbare Geheimnis, was die Heilige Messe ist, blieb für mich in jeder Hinsicht nicht nur ein Geheimnis, es wurden plötzlich zwei Geheimnisse daraus. Nicht nur das Geheimnis, das sich in der Heiligen Wandlung vollzieht, sondern auch noch, welchen Sinn hat denn der Ablauf? Warum bricht der Priester die Heilige Hostie entzwei usw.? Ich traute mich nicht zu fragen, welchen Sinn denn der Ablauf habe und welche Bedeutung hinter den einzelnen Handlungen stehen soll. Hätte ich doch gleich meine Ministrantenzeit, die vor über 35 Jahren war, vorgehalten bekommen und ich hätte es doch wissen müssen, also war ich lieber ruhig. Auch kam mir der ganze Ablauf verändert vor, wir mußten noch als Ministranten Stufengebete mit dem Priester auf Latein beten und dann war da noch der Hochaltar, wir mußten mal das Messbuch auf die eine Seite tragen, dann nach der Heiligen Wandlung wieder zurück auf die andere. Wir mußten dem Priester Wein und Wasser reichen zur Opferung, dann Wasser zur Händewaschung usw. Die Kommunionbank wurde wie ein Tisch gedeckt mit einem Tuch. Bei der Heiligen Kommunion mußten wir einen goldenen Teller den Kommunizierenden unter das Kinn halten, damit kein Partikel von der Heiligen Hostie herunterfällt. Die Gebete waren auch noch auf Latein. Es war alles fremd für mich, an vielen Stellen verändert im Vergleich zu damals, bis auf die allerwichtigsten Dinge.

Außerdem hatte ich nicht viel davon mitbekommen, weil ich ständig am Singen und Blättern im Gesangbuch war. Aber ich war doch irgendwie berührt worden. Ich spürte ein inneres Verlangen, wieder zur Heiligen Messe zu gehen und so ging ich am nächsten Sonntag ohne große Proteste wieder mit zur Heiligen Messe.

Diesmal beobachtete ich genauer das Geschehen am Altar und konnte den Ablauf der Messe genauer verfolgen, jetzt sah ich auch einzelne Schritte wieder, wie sie mir noch im Gedächtnis waren und fragte mich dann, welcher Sinn steckt eigentlich hinter den einzelnen Handlungen? Warum gibt der Priester nur einen Tropfen Wasser in den Wein? Warum bricht er die Heilige Hostie nach der Heiligen Wandlung entzwei und läßt dann ein kleines Stück wieder in den Kelch zum Wein fallen usw.? In meiner Jugend als Ministrant hatte ich mich das nicht gefragt, aber nun war es plötzlich für mich von Bedeutung. Dieser Zwiespalt zwischen dem Nichtverstehen der Handlung und das Bedürfnis, doch dabei zu sein, weckte in mir den Wunsch, die Abläufe und den tieferen Sinn der Handlungen besser zu begreifen und auch entsprechend mitfeiern zu können.

Ich hatte später das Glück, mit einem Priester in einem ganz kleinen Kreis die Heilige Messe zu feiern. Eine so genannte stille Messe, in der nicht gesungen wurde. Wobei der Priester seine Gebete, die normalerweise still verrichtet werden, diesmal auch laut betete. Dabei wurde mir schon einiges klarer und ich begann die Heilige Messe besser zu verstehen. Inzwischen durfte ich meinen späteren Freund, den inzwischen leider schon verstorbenen Pfarrer Klaus Müller kennenlernen, und er wurde zu meinem Beichtvater und Seelenführer. Mit ihm begann ich über das Mysterium der Heiligen Messe zu reden und ließ mir einiges erklären.

Er machte mich auf ein kleines Büchlein über die Heilige Messe aufmerksam, das der verstorbene Pfarrer Franz Rudrof, den wir auch noch persönlich kennenlernen durften, geschrieben und illustriert hatte. Seine Bilder und die entsprechenden Meditationstexte halfen mir, die Heilige Messe noch besser zu verstehen. Wobei in diesem Büchlein die „alte lateinische" Messe beschrieben war. Es war mir eine große Hilfe. Ich begann die einzelnen Handlungen besser zu verstehen.

Ich begann, die Heilige Messe mit einem ganz andern Verständnis und entsprechend andächtig mitzufeiern. Ja, das Wort „mitfeiern" wurde jetzt zur Wirklichkeit und blieb keine leere Teilnahme an der Handlung mehr. Heute bin ich nicht mehr so abgelenkt durch das Singen, wenn ich irgendwo wieder einmal in einer anderen Gemeinde als Gast an einer Heiligen Messe teilnehme, wo sich die Gemeinde durch besonders eifriges Singen in sie einbringt. Ich versuchte mich dann eben in den entsprechenden Abschnitten auf das Geschehen am Altar zu konzentrieren und mich auch entsprechend durch stille Gebete, zum Beispiel bei der Gabenbereitung, der Heiligen Wandlung, dem Agnus Dei, usw. auf meine Art einzubringen. Schade ist es, wenn aus Zeitgründen immer alles parallel abläuft und keine Zeit zur Besinnung bleibt und es den Gläubigen dann so ergeht wie mir bei meiner ersten „Gesangsstunde".

Wobei es wunderbare Kirchenlieder gibt, die auf das Mysterium der Heiligen Messe in den einzelnen Schritten hinführen. Durch den Gesang von sehr tiefsinnigen Liedern und auch Lobpreisliedern an der richtigen Stelle können wir uns gut in die Heilige Messe mit einbringen, das hatte ich dann auch bald gelernt.
Aber ein Wunschtraum von mir, die Heilige Messe einmal so miterleben zu dürfen, wie es verschiedene Mystiker in Ihren Beschreibungen uns berichten, ist leider bis jetzt nicht in Erfüllung gegangen. Ich glaube, mit diesem Wunsch bin ich nicht allein! Ich war manchmal sehr traurig, wenn mein Freund, Pfr. Müller, mir wieder davon erzählte, wie wunderbar die Heilige Messe gewesen sei, daß der Himmel wieder anwesend war, usw. Ich war auch bei dieser Heiligen Messe und hatte nichts „gesehen". Wenn ich ihn dann genauer fragte, antwortete er mir einmal mit einer Gegenfrage: Wie denn meine Gefühle während der Heiligen Messe waren, ob ich mich wohlfühlte usw.? Ich konnte ihm dann antworten, daß ich mich sehr wohlgefühlt habe, und auch daß ich die Zeit, die vergangen sei, überhaupt nicht bemerkte hätte. Darauf sagte er mir dann, daß ich doch die Gnade hatte, die Anwesenheit Gottes zu spüren und in seiner Liebe geborgen war und auch weiterhin bin, auch wenn es mir nicht bewußt ist. Meine Gefühle hatten es mir gezeigt und ich hatte es nicht verstanden. Ich erwartete immer einen Sturmwind und bekam dann einen leisen Windhauch zu spüren.

Ich möchte an dieser Stelle auch eine kurze Beschreibung der Erlebnisse und Eindrücke einer Ordensfrau wiedergeben, wie mir berichtet wurde: Sie erlebe die Heilige Messe immer gewaltiger. Man kann es nicht beschreiben. Bei der Heiligen Wandlung scheint es ihr oft, als erbebe die Erde und erzittere der Himmel. Manchmal höre sie gewaltige Posaunenstöße. Gott neigt sich, steigt herab, mit Ihm der ganze Himmel. Die Mauern der Kirche verschwinden, sie müssen weichen vor den anbetenden himmlischen Heerscharen. Es ist alles so gewaltig, daß sie sich nach der Heiligen Messe oft verwundert frage, wie es möglich ist, daß sie noch lebe.

Auch sehr eindrucksvoll ist die Schilderung der Vision während der Heiligen Messe von der hl. Hildegard von Bingen. Sie beschrieb, was während des Heiligen Messopfers - für unsere Sinne nicht wahrnehmbar - geschieht.

„Nach dem Sanctus beginnt das unaussprechliche Mysterium: ... In diesem Augenblick öffnete sich der Himmel. Ein feuriges Blitzen von unbeschreiblich lichter Klarheit fiel auf die Opfergaben nieder und durchströmte sie ganz mit seiner Herrlichkeit. ... Und der blitzende Schein trug die Opfergabe in unsichtbare Höhen bis in das Innerste des Himmels empor und ließ sie wieder auf dem Altar nieder, ähnlich, wie ein Mensch, beim Atmen, die Luft einzieht und wieder aushaucht. Obgleich nun die Opfergaben für das Auge der Menschen noch das Aussehen von Brot und Wein hatten, waren sie doch in wahres Fleisch und Blut umgewandelt. Deshalb erschienen auch sogleich vor meinen Augen wie in einem Spiegel die Sinnbilder der Geburt, des Leidens, des Begräbnisses, der Auferstehung und Himmelfahrt unseres Erlösers, des eingeborenen Sohnes Gottes, wie sich all dieses während seines irdischen Lebens zugetragen hat. ...“

Bei vielen Gesprächen mit unseren Pilgern und vor allem solchen Mitmenschen, die neu zum Glauben finden, konnte ich feststellen, daß einige zwar die Heilige Messe regelmäßig besuchen, aber über den Ablauf wenig Bescheid wissen und dadurch auch nicht so in der Lage sind, die Heilige Messe entsprechend intensiv mitzuerleben. Ihnen ergeht es so ähnlich wie mir am Anfang.

Im Jahr 2005 wurde das Jahr der Heiligen Eucharistie von der Kirche gefeiert. Was auch ein Zeichen ist, wie wichtig der Kirche die Heilige Messe ist.

Zum Abschluß des Jahres der Heiligen Eucharistie wurde eine Weltbischofssynode in Rom zur Eucharistie als „Quelle und Höhepunkt des Lebens und der Sendung der Kirche" abgehalten. Ein Berater und Beobachter der Bischofssynode berichtete: Die beteiligten Bischöfe hätten bedauert, daß das Gespür für Vertiefung und Hingabe in der Feier der Eucharistie immer mehr verloren gegangen sei. Betrachte man heute den normalen Gottesdienst, so vermisse man häufig nicht nur bei den Gläubigen den Sinn für Ehrfurcht und die Fähigkeit, sich in die Eucharistie zu versenken. Sätze wie „Erhebet die Herzen" und „Wir haben sie beim Herrn" seien Leerformeln, wenn sich die Gläubigen nicht für das Geheimnis öffneten. Vielfach seien Gottesdienste so durchgestylt und so programmiert, daß den Teilnehmern keine Zeit für Besinnung bleibe. Manchmal gewinne man den Eindruck, Pausen als Möglichkeit der Einkehr würden bewußt als lästige Unterbrechung vermieden. Wichtig sei den Bischöfen auch eine Liturgiekatechese für alle Generationen der Gläubigen, die auch immer wieder aufgefrischt werden müsse. Denn, wer zum Beispiel über den Aufbau und den Sinn der einzelnen Teile der Heiligen Messe nicht Bescheid wisse, der tue sich auch schwer mit der aktiven Teilnahme.

Aus einem anderen Kommentar zur Einleitung der Synode war zu entnehmen:

Wenn man eine Kirche betritt, gehe es nicht nur darum, eine Kniebeuge zu machen, einige Zeit zu bleiben und dann wieder wegzugehen, sondern darum, <u>sich auf das tiefe Geheimnis wirklich einzulassen und mit dem ganzen Leben in die Eucharistie einzudringen</u>, in die reale Gegenwart Christi. Der große Wunsch sei es, daß das Leben des Gläubigen <u>zu einer Fortsetzung der Heiligen Messe wird, und daß diese das ganze Leben des Gläubigen beeinflußt.</u>

Kann ein bestimmtes Buch oder ein anders Medium einen Beitrag dazu leisten, dieses Verständnis für die Heilige Messe zu verbessern?

Ich hatte mir im Laufe der Zeit noch mehrere Bücher über die Heilige Messe gekauft. Leider war keines darunter, das sie so erklärte, wie ich es mir gewünscht hätte. Alle diese Bücher sind auch wichtig und gut und sie haben Ihre Qualität. Aber es fehlte halt noch ein Buch, wie ich es mir vorstellte. Manche waren hoch theologisch geschreiben und für viele Menschen daher nicht so leicht verständlich. Andere hatten sich zum Ziel gesetzt, den Ablauf der Heiligen Messe rein sachlich zu beschreiben, was ebenfalls wichtig ist, und manche haben die Heilige Messe aus der mystischen Sicht aufgezeigt.

Auch die schönen wunderbaren Beschreibungen von verschiedenen Mystikern über die Heilige Messe und Ihre Erlebnisse sind eine große Bereicherung und eine gute Hilfe für die Vorstellung, wie der ganze Himmel während der ganzen Heiligen Messe anwesend ist und mitfeiert.

Ich hatte über mehrere Jahre immer den Wunsch, doch irgendein Buch, Video oder ein anderes Mittel zu finden, das den Gläubigen angeboten werden kann, was ihnen die Heilige Messe entsprechend erklären und nahe bringen kann, so wie ich es mir vorstellte. Es sollte eine Kombination von all diesen Bereichen und auch für Nichttheologen leicht verständlich sein.

Aber alle Versuche blieben erfolglos. Inzwischen sind über zehn Jahre vergangen. Ich selbst fühlte mich nicht berufen, über dieses Thema zu schreiben oder gar ein Buch zu veröffentlichen, aber ich bekam immer öfter die Antwort, mach doch ein Buch zu diesem Thema. Ich bin alles andere als ein Schriftsteller, dem es leicht fällt zu schreiben und ich konnte mir nicht vorstellen, daß Gott von mir wünscht, daß ich meine Erfahrung auf diese Art weitergeben soll. Also bat ich IHN, doch mir zu helfen und jemand finden zu lassen, der meine Anregung aufnimmt und entsprechend etwas macht.

Mit Pater Dietrich von Stockhausen fand ich einen Mitkämpfer in diesem Anliegen. Er erklärte sich bereit, zu unserem Pilgertreffen im Jahr der Heiligen Eucharistie in Heroldsbach, einen Vortrag zum Ablauf der Heiligen Messe zu halten, wo er ganz speziell auch auf den Sinn und auf die Hintergründe der einzelnen Handlungen im Ablauf der Heiligen Messe eingeht. Der Vortrag wurde sehr begeistert angenommen und die Zuhörer waren äußerst dankbar für diese Erklärungen.

Viele Menschen forderten mich auf, doch noch das Buch über die Heilige Messe zu schreiben und ich glaube verstanden zu haben, was der Herr von mir will.
Möge der liebe Gott uns helfen, daß dieses Buch auch wirklich in seinem Sinne entsteht und er uns das schreiben und weitergeben läßt an Sie, was Er uns sagen will, was wir dann auch alle verstehen können und wie wir das Geheimnis der Heiligen Messe und den Sendungsauftrag, den wir aus Ihr mit in die Welt hinaus tragen, begreifen sollen. Am Ende der Heiligen Messe, nach dem Segen, bekamen wir immer vom Priester (Stellvertreter Christi) den Auftrag: „Ite Missa est" was heißt „gehet hin, Ihr seit gesendet"
und wir antworteten: „Deo gratias" = „Dank sei Gott".

Dieses Buch ist eine Kombination aus dem Vortrag von Pater Dietrich von Stockhausen und ergänzenden Texten und Bildern.

Auch will ich die Sichtweise von dem leider schon verstorbenen Pfarrer Klaus Müller über die Heilige Messe, wie er sie in zwei Predigten dargelegt und erläutert hat, im zweiten Teil des Buches mit einbeziehen. Es sind sehr tiefgreifende Worte und Gedanken, die er uns hinterlassen hat.

Pater Petar Ljubicic hat sich zusätzlich auch bereit erklärt, seinen Beitrag dazu zu leisten, war er doch unabhängig von uns auch schon dabei, sich Gedanken für ein Buch über die Heilige Messe zu machen.

Seine Gedanken und Niederschriften über die Heilige Messe sind sehr aufbauend und vertiefend. Sie haben ganz besonders den dritten Teil des Buches geprägt.

1. Ablauf, Handlungen und Symbolik der Heiligen Messe

Tut dies zu meinem Gedächtnis (Lk 22,19)

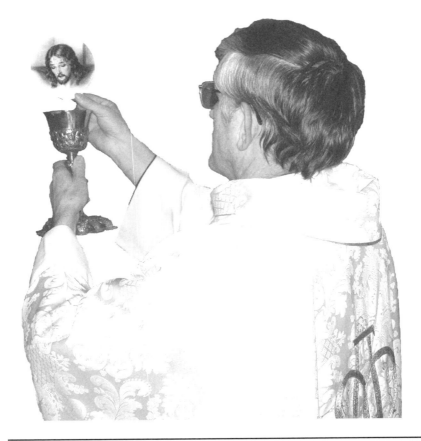

Wir haben drei Begriffe für unser
gottesdienstliches Tun,
das uns Jesus im Abendmahlsaal
aufgetragen hat.

• **Eucharistia** (griechisch), das heißt - **Danksagen**.
Jesus hat uns durch seine Tat und seine Auferstehung die wahre und würdige Danksagungsfeier für Gott geschenkt. Wenn wir Gott danken wollen, müssen wir so tun, wie er uns aufgetragen hat.

• **Heilige Messe** = Missa (latein), das heißt - **Sendung**.
Gott sendet uns als Boten seiner Wahrheit und Liebe in unsere gottferne Welt, die unter der Macht der Sünde und des Fürsten dieser Welt (Satan) steht. Für diesen Kampf und dieses Zeugnis rüstet er uns mit sich selber in der Heiligen Kommunion aus.

• **Gottesdienst**, das heißt - **wir dienen Gott
und Gott dient uns.**
Im Gottesdienst erweisen wir Gott einen Dienst und Gott erweist uns einen Dienst. Ein Dienst auszuüben und zu erfüllen ist in dieser Welt fast immer mit Pflichterfüllung, Arbeit und Last verbunden. Der Dienst Gottes für uns war die Hingabe seines Sohnes bis zum Tod am Kreuz für unsere Erlösung. Unser Dienst für Gott ist Zeuge und Bote dieser Wahrheit und Liebe Gottes in unserer Welt zu sein und in Treue, in inniger Liebe und Dankbarkeit mit Ihm zu leben, wie er es uns aufgetragen hat. „Du sollst Gott und Deinen Nächsten lieben wie Dich selbst."

Die Heilige Messe - (k)ein Geheimnis?
„Tut dies zu meinem Gedächtnis."

Eine Hinführung zum besseren Verstehen der Heiligen Messe, in ihren einzelnen Handlungen, ihrer Symbolik und eine Einladung zum tieferen Miterleben,

**Denn viele von uns haben leider
die Freude und die Schönheit der Heiligen Messe
noch nie erfahren.**

Wir wollen mit Ihnen die Heilige Messe in Gedanken feiern und dabei den tieferen Sinn der Handlungen erklären.

Dazu sollen erst einmal einige Dinge erklärt werden, die auch wichtig sind für den gesamten Verlauf, die Umgebung, den Ort der Handlung und die Bedeutung der Symbolik.
So können wir dann alles besser verstehen und begreifen.

Betreten des Kirchenraumes

Wenn wir eine Kirche betreten, sind meistens in der Nähe der Eingangstüren Weihwasserbecken angebracht. Wir tauchen unsere Finger hinein und bekreuzigen uns damit. Das heißt, wir reinigen uns in geistiger Weise und versuchen den Alltag hinter uns zu lassen. Genauso wie wir versuchen, wenn wir irgendwo zu Besuch kommen, den Schmutz der Straße am Fußabstreifer an der Haustüre abzustreifen. Und mit dem Kreuzzeichen bekennen wir uns zu Gott und stellen uns ganz unter seinen Schutz. Wir bekennen uns zu der Gemeinschaft der Kirche, in unserer Taufe.

Der Kirchenraum

Die Kirche ist das Haus Gottes mit verschiedenen Räumen. Der Raum für das Volk (das Kirchenschiff) und der Altarraum symbolisieren die Welt und das Himmelreich. Wir, das Volk, betreten eine Art Vorhimmel, einen Empfangsraum. Den Himmel, den Thronsaal Gottes, symbolisiert der Altarraum. In älteren Kirchen sind diese Räume noch schön durch eine Kommunionbank optisch gut getrennt. Auch die Ausschmückung der Kirchen war so, daß es dem Hause Gottes, dem Himmelreich würdig und unserer Vorstellungskraft von der Größe und Herrlichkeit Gottes entsprechend ist.

Der Altar steht meistens auf einem erhöhten Absatz mit ein paar Stufen. Diese Erhöhung symbolisiert auch einen Berg. Schon Abraham begab sich auf einen Berg, um sein Opfer an Gott darzubringen. Jesu Opfer war auf dem Berg Golgatha. Deshalb ist es auch gut, wenn der Altar auf einem „Berg" steht, um uns den Opfercharakter der Heiligen Messe besser zu symbolisieren.

Der Altar ist, wie auch das ganze Gotteshaus, ein heiliger Ort. Er ist nicht für den weltlichen und unheiligen Gebrauch bestimmt.

In den Altar sind Reliquien eingelassen. Er ist ein Heiligengrab. Das kommt aus der Zeit der ersten Christen, die in den Katakomben auf den Gräbern der Märtyrer die Heilige Messe feierten.

Auch wird hierbei eine Verbindung zu allen Heiligen im Himmel hergestellt. Bei seiner Weihe werden die Reliquien eingelassen und an fünf Stellen der Altarplatte, die mit einem Kreuz bezeichnet sind, als Zeichen der Hl. fünf Wunden Jesu, mit Chrisam (geweihtes Salböl) gesalbt und an Ihnen ein Weihrauchopfer dargebracht.

Auf dem Altar soll ein Kreuz sein. Durch das Kreuz wird der Altar als Opferstätte gekennzeichnet. Die Kerzen sind Sinnbild für Christus, der das „Licht der Welt" ist. Dies gilt ganz besonders für die Osterkerze (siehe auch die Symbolik der Wundmale mit den Weihrauchnägeln). Die Kerzen sind auch Sinnbild für unsere Seele, die sich für Gott in Anbetung und Liebe verzehren soll.

Weihrauch

Bei der Anbetung des Allerheiligsten wird geweihter Weihrauch benutzt. In einem feierlichen Hochamt wird der Altar zweimal mit geweihtem Weihrauch beräuchert. Am Beginn der Heiligen Messe und nach der Opferung. Bei der Beräucherung nach der Opferung werden auch der Priester und das Volk mit einbezogen. Der aufsteigende duftende Rauch soll wie beim alttestamentlichen Rauchopfer die Gebete und Opfer der Kirche versinnbildlichen, die zu Gott emporsteigen. Ebenso soll die Beräucherung mit geweihtem Weihrauch auch eine Reinigung und Heiligung der Gegenstände und Personen bedeuten.

Kerzen

Die Kerze ist ein Symbol für Christus. Die Kerze schmilzt nämlich ihr eigenes Wachs, um für uns Licht sein zu können, sie verzehrt sich dabei selbst, so wie Christus sich selbst hingegeben hat, um für uns der Erlöser zu sein.

Die Kleidung des Priesters

Warum hat der Priester und der Diakon bei der Heiligen Messe und bei seinen Amtshandlungen entsprechende Gewänder an?

Der Priester handelt nicht nur im Auftrage Christi, sondern in der Person Christi. Am Altar steht also nicht mehr der Mensch – Pfarrer Mayer, Müller, Huber usw.- sondern Christus. Es ist also Christus, der in seinem Wort zu uns spricht, der Brot und Wein in seinen Leib und Blut verwandelt. Es muß uns auch bewußt werden, daß Christus am Altar handelt. Die liturgischen Gewänder haben die Aufgabe, den Gläubigen, der Kirchengemeinde zu helfen, hinter dem Priester Christus zu sehen.
Das liturgische Gewand des Priesters besteht hauptsächlich unter anderem aus einem weißen Untergewand, der so genannten Albe, einer Stola und einem Messgewand. (Bei einem Diakon die Dalmatik)

• Albe

Die Albe wird schon im Alten Testament (Levitikus) als Kleidung der Priester beschrieben. Dort ist festgelegt, wie die Hohenpriester das Heiligtum betreten sollen. Es ist vorgeschrieben, daß der Priester ein geweihtes Leinengewand anlegen muß, bevor er das Allerheiligste betritt. Weiß ist die Farbe der Reinheit und Heiligkeit.

In der Offenbarung der Heiligen Schrift steht: Es sind die, die aus der großen Bedrängnis kommen; sie haben ihre Gewänder gewaschen und im Blute des Lammes weiß gemacht. (Offb 7,13-14)

• Stola

Die Stola ist das eigentliche Zeichen priesterlicher Amtsgewalt. Es ist eine Schärpe (Schulterbinde) aus Stoff in der Farbe des Messgewandes (Obergewand). Sie symbolisiert auch das Joch von dem Christus in der Heiligen Schrift spricht, das er seinen Nachfolgern versprochen hat. Mit einem Joch ist zum Beispiel ein Geschirr für ein Zugtier oder auch für einen Menschen gemeint, der einen Pflug zieht und so weiter. Jesus sagt in der Heiligen Schrift (Mt 11,29-30) „Nehmet mein Joch auf Euch und lernt von mir; denn ich bin gütig und von Herzen demütig; so werdet Ihr Ruhe finden für Eure Seele. Denn mein Joch drückt nicht, und meine Last ist leicht."

Beim Anlegen küßt der Priester das Kreuz in der Mitte der Stola und legt sie über den Nacken, so daß die beiden Enden herunterhängen.

• Kasel

Über der Albe und der darauf liegenden Stola trägt der Priester normalerweise das Messgewand - Kasel genannt.

(Kasel = Häuschen) Früher wurde in der Priesterweihe bei der Übergabe des Messgewandes gebetet: „Empfange das Priestergewand. Es bedeutet die Liebe. Gott hat die Macht, Deine Liebe zu mehren und Dein Wirken zu vollenden." Das Messgewand will also ausdrücken: Der Priester ist in der Liebe Christi „zu Hause". Er ist in dem geborgen, in dessen Dienst er steht. Da der Priester bei der Heiligen Messe „in Persona Christi" handelt, soll er auch als anderer Christus erkennbar sein. Wie uns die Heilige Schrift berichtet, soll das Obergewand von Christus bei seinem Kreuzesopfer ein Besonderes gewesen

sein. Es war von oben her ganz durchgewebt und ohne Naht. Daran soll auch das Messgewand erinnern.

Bedeutung der Farben
bei der Stola und dem Messgewand

• **Weiß oder Gold** ist die Farbe der Freude, des festlichen Jubels und der Reinheit. Sie wird getragen an den beiden höchsten Festen des Kirchenjahres, an Ostern und Weihnachten und an den Herrenfesten, an den Festen der Muttergottes (auch in Blau), der Engel und Heiligen, die keine Märtyrer waren.

• **Rot** steht für das Feuer, den Heiligen Geist, für die brennende Liebe und für das Blut der Märtyrer. Rote Messgewänder werden an Pfingsten, am Palmsonntag, an den Festen, die des Leidens Christi und des Heiligen Kreuzes gedenken sowie an den Gedenktagen und Festen der Märtyrer getragen.

• **Violett** ist die Farbe der Buße und Umkehr, sie wird im Advent und in der Fastenzeit benutzt.
- Schwarz ist die Farbe der Trauer und des Schmerzes und wird bei Beerdigungen getragen.

• **Rosa** wird nur an zwei Gelegenheiten im Jahr, nämlich am dritten Adventsonntag und am vierten Fastensonntag, getragen. In das Violett der Buße und Umkehr mischt sich schon das Weiß der Freude und des Jubels hinein.

• **Grün** ist die Farbe der Hoffnung, des ewigen Lebens und der Erwartung. Grüne Messgewänder werden an den Sonn- und Wochentagen der übrigen Zeit im Kirchenjahr getragen.

Kelch, Patene und Corporale

• **Kelch** – der Kelch ist nicht nur das Gefäß zur Aufnahme des Weines und damit des Blutes Christi für die heilige Messe sondern hat auch eine Symbolik für uns.

Allein schon die Berührung mit dem Kostbaren Blut während und nach der Wandlung gebietet, daß er aus edelstem Material gefertigt ist. Die Innenseite des Kelches, der mit dem Kostenbaren Blut Christi in Berührung kommt, sollte vergoldet sein. Der Fuß des Kelches soll breit und ausladend sein, damit eine gute Standfestigkeit gegeben ist. Siehe auch die Mißgeschicke von Priestern, denen der Kelch umfiel und zu erschütternden Eucharistischen Wundern, auch zur Mahnung für einen sorgfältigen Umgang mit den heiligen Gestalten, führten.

Man kann in dem Kelch den Menschen symbolisiert finden, der auf dem Erdboden steht und sich zugleich wie mit ausgestreckten Armen noch nach oben öffnet, um sich von Gott füllen zu lassen. Was er empfängt, spendet er dann wieder an andere weiter.
Er ist ferner ein Bild des menschlichen Geschicks, insofern der Mensch aus der Hand Gottes sein Geschick wie ein Kelch oder eine Schale empfängt: Segen (Ps 24,5) oder Zorn (Offb 16,19) und Strafe (Ps 11,16; Jer 51,7).

Jesus sprach auch in dem ihm zugedachten Schicksal der Passion, von einem Kelch (Mt 20,22 ff) und betete, daß dieser vorübergehe (Mt 26,39), wenn es möglich wäre. Doch der Wille des Vaters geschehe.

• **Patene** - ein kleiner vergoldeter Teller, auf den die Hostie des Priesters gelegt wird. Sie soll möglichst glatt ohne Verzierungen sein, damit nach der Wandlung die Hostie (Leib Christi) nicht beschädigt und keine Partikel an Ihr haften bleiben.
Manchmal benutzen die Priester auch Hostienschalen oder Hostienkelche (Ciborium).

Bei der Priesterweihe werden dem Neupriester ein Kelch und eine Patene symbolisch überreicht, damit sie erkennen, daß in der Feier des hl. Opfers das Zentrum Ihres neuen Amtes liegt. Die Ehrfurcht gebot früher, daß nur der Priester den Kelch, Patene usw. mit den Händen berühren durfte, alle anderen mußten entsprechend Handschuhe tragen.

• **Corporale** - das Corporale war ursprünglich eines der Tücher, die den Altar bedeckten. Heute ist es kleines viereckiges Tuch, das längs und quer zweimal so gefaltet wird, daß sich insgesamt neun Felder ergeben, wenn es ausgebreitet wird. Kelch und Patene stehen immer auf dem Corporale und nur was auf dem Corporale steht oder liegt wird bei der heiligen Wandlung verwandelt. In der klassischen römischen Liturgie wird die Hostie vor und nach der Wandlung unmittelbar auf das Corporale gelegt (daher auch die Ableitung des Namens von corpus, Leib des Herrn). Man kann das Corporale deuten als das Tuch, auf den Maria das neugeborene Kind legte oder als das Tuch, in das der Leichnam des Herrn nach der Kreuzigung gehüllt wurde und nach der

Auferstehung als stummer Zeuge im leeren Grab zurückblieb. Nach der heiligen Messe wird das Corporale von dem Priester wieder sorgsam so gefaltet, daß die Flächen die mit dem Leib des Herrn in Berührung gekommen sind oder sich Partikelchen darauf befinden könnten immer Innen sind. Es gibt besondere Waschvorschriften für das Corporale, damit keine Partikelchen von der heiligen Hostie über das profane Waschwasser in den Abfluß und damit in die Kanalisation gelangen.

Warum stehen, knien oder sitzen wir?

Was sagt unsere Körperhaltung aus?

• **Stehen** - Wir stehen vor Gott. Genauso wie wir uns erheben, wenn eine höhergestellte Person oder ein Gast den Raum betritt, so stehen wir auf, wenn der Priester in Persona Christi den Altarraum betritt. Immer wenn wir im Ablauf der Heiligen Messe im Angesicht und Gespräch mit Gott sind, wenn wir uns an Gott Vater wenden, erheben wir uns. Wenn wir im Gebet Gott loben und danken, wie zum Beispiel beim Gloria, oder wenn Gott in Jesus Christus zu uns spricht im Evangelium. Wenn wir beim Glaubensbekenntnis Gott unsere Treue und unseren Glauben versichern, ist das Stehen die symbolisch richtige Körpersprache. Weiterhin stehen wir beim Dankgebet nach der Gabenbereitung, der Präfation und dem Sanktus. Präfation ist das Eingangslob zum Hochgebet: Wir laden mit allen Engeln und Heiligen des Himmels den Herrn ein, zu uns in der Heiligen Wandlung zu kommen. Nach der Heiligen Wandlung stehen wir beim Vaterunser und nehmen auch die Sendung am Schluß der Heiligen Messe: „Gehet hin in Frieden", stehend entgegen.

• **Knien** ist die Haltung der Anbetung und der Demut. Wer kniet, macht sich klein vor dem großen, allmächtigen und Heiligen Gott. Christus selbst (Lk 22,41), Petrus (Apg 9,40) und Paulus (Apg 21,5) beteten nach dem Zeugnis der Schrift auf diese Weise. Wer kniet, der betet an. Sein ganzer Körper drückt aus: Hier ist Gott gegenwärtig. Gerade das Knien ist ein wirklicher Ausdruck des lebendigen, echten Glaubens an die Gegenwart des Herrn unter den Heiligen Gestalten. Man kniet während des „Höhepunkts" der Messfeier - dem Hochgebet und der Heiligen Wandlung. Man kniet bei der Erhebung der Hl. Hostie vor der Heiligen Kommunion und oft gibt es auch den guten Brauch, sich während des Schlußsegens niederzuknien.
Auch die Kniebeuge ist ein Zeichen der Anbetung. Wenn man eine Kirche, in der sich ein Tabernakel befindet, betritt oder ver-

läßt, wenn man durch den Altarraum geht, dann macht man eine Kniebeuge als Ausdruck der Ehrfurcht vor dem hier anwesenden Herrn.

• **Sitzen** ist die Haltung des Menschen, der zuhört und nachdenken will. Maria Magdalena saß im Hause des Lazarus zu den Füßen Jesu und hörte ihm aufmerksam zu (Lk 10,39). Wir sitzen während der Messfeier bei den Lesungen und bei der Predigt, nach neuerem Brauch vielerorts bei der Opferung. Jesus forderte die Leute bei der wunderbaren Brotvermehrung auf, sich zu setzen
(Mk 8,6)

Die Heilige Messe – in Gedanken miterlebt

Der Ablauf der Heiligen Messe ist ein Dialog zwischen

Gott (Priester)   &   seinem Volk (Wir)

mit dem er sich im Bund seines Sohnes geeint hat.

Wir ziehen zum Haus des Herrn (wir gehen zur Kirche) und versammeln uns als sein Bundesvolk. Wir begrüßen ihn mit dem Eingangslied.

Wir werden vom Priester im Namen Gottes begrüßt, der sein dasein für uns bekundet.

Auf die Anwesenheit Gottes antworten wir mit dem Schuldbekenntnis und der Bezeugung unserer Unwürdigkeit und der Bitte um Erbarmen.

Der Priester antwortet uns im Namen Gottes mit der Vergebung unserer Unzulänglichkeiten und Fehlern. (Keine schweren Sünden)

Wir antworten darauf mit dem Gloria, dem Lobpreis und Dank für die Versöhnung und hängen daran das Tagesgebet, das der Priester stellvertretend für die Gemeinde als Bitte an Gott richtet.

Gott antwortet darauf mit seinem Wort

- aus dem alten Bund
  (1. Lesung)

- aus der jungen Kirche
  (2. Lesung)

- mit dem Evangelium, in dem
  Jesus zu uns spricht.

- mit der Homilie (Predigt), der
  Auslegung und Erklärung des
  gehörten Wort Gottes, vom geweihten Priester oder Diakon
  gehalten, weil er in Persona
  Christi spricht.

Wir antworten auf das gehörte
Wort Gottes mit dem Glaubensbekenntnis und fügen auch hier
wieder unsere Bitten an Gott
ein. Wir bringen im Opfergottesdienst unsere Gaben - Brot und
Wein - als Zeichen unserer Hingabe an Gott und die Kollekte
als materielle Unterstützung für
den irdischen Gottesdienst dar.
Im Sanktus verbinden wir unsere Hingabe an Gott mit allen Engeln und Heiligen.

In der Wandlung antwortet Jesus Christus auf unsere Hingabe mit der Annahme unserer Gaben, die er in sich selbst verwandelt. Im weiteren Hochgebet wendet er sich mit uns und unseren Bitten:
• für die Kirche
• für die Welt
• für uns selbst
  und unsere Anliegen
• und für die Verstorbenen
an den Vater.

Mit dem Vaterunser beginnen wir mit der Bitte an Gott um Vorbereitung und Heiligung für die Einswerdung mit Christus in der Heiligen Kommunion.

Jesus schenkt sich uns in der Heiligen Kommunion und sendet uns als Boten seiner Liebe und seines Friedens in die Welt mit dem Segen und der Sendung.

AUFBAU DER HL. MESSE

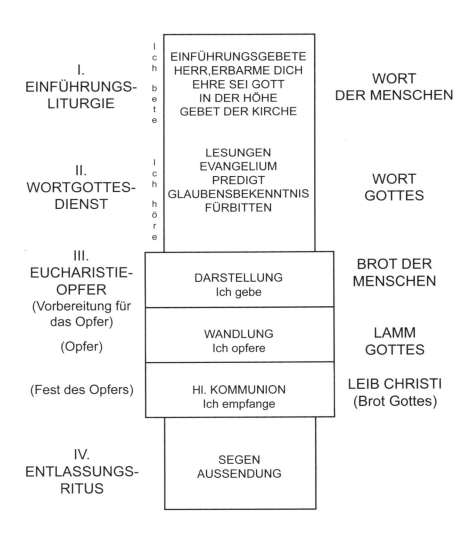

I. EINFÜHRUNGS- LITURGIE	I c h b e t e	EINFÜHRUNGSGEBETE HERR,ERBARME DICH EHRE SEI GOTT IN DER HÖHE GEBET DER KIRCHE	WORT DER MENSCHEN
II. WORTGOTTES- DIENST	I c h h ö r e	LESUNGEN EVANGELIUM PREDIGT GLAUBENSBEKENNTNIS FÜRBITTEN	WORT GOTTES
III. EUCHARISTIE- OPFER (Vorbereitung für das Opfer)		DARSTELLUNG Ich gebe	BROT DER MENSCHEN
(Opfer)		WANDLUNG Ich opfere	LAMM GOTTES
(Fest des Opfers)		HI. KOMMUNION Ich empfange	LEIB CHRISTI (Brot Gottes)
IV. ENTLASSUNGS- RITUS		SEGEN AUSSENDUNG	

Eröffnung

Der erste Teil der Heiligen Messe ist die Eröffnung.

»Wo zwei oder drei in meinem Namen versammelt sind, da bin ich mitten unter ihnen.« (Mt 18,20)
Die Gemeinschaft der Gläubigen will die Gegenwart des Herrn erfahren. Es braucht aber auch Zeit und Aufmerksamkeit, um die Sinne zu öffnen und vor Gott hinzutreten.

Ziel und Aufgabe ist es, daß die versammelten Gläubigen eine Gemeinschaft bilden und befähigt werden, in rechter Weise das Wort Gottes zu hören und würdig die Eucharistie zu feiern. Sie will in vielfältiger Weise die versammelte Gemeinschaft auf die Feier einstimmen und vorbereiten: Im gemeinsamen Kreuzzeichen bezeugen die Versammelten ihre Taufe auf den dreifaltigen Gott.

In der Besinnung bekennen sie, daß sie Anlaß zur Umkehr haben. Im Kyrieruf und im Gloria preisen sie Gott, der ihnen seine Liebe schenkt.
Das Tagesgebet schließt die Eröffnung ab.

Einzug

Viele Priester und der Diakon beten laut, wenn sie die Sakristei verlassen, um zum Altar zu gehen und die Heilige Messe feiern:
„Unsere Hilfe ist im Namen des Herrn."
Die Ministranten antworten:
„Der Himmel und Erde erschaffen hat."

Bis der Priester sich dem Altar nähert, wird das Eröffnungslied gesungen oder rezitiert. Der Sinn dieses Liedes ist die Eröffnung der Feier, die Aufforderung zur Einheit der Versammelten und die Einführung in die Geheimnisse der Liturgie des Festtages. Der Priester küßt den Altar. Mit dem Kuß erweist er die Ehre und Lie-

be gegenüber einer Person oder einem Gegenstand. Der Kuß ist eine Spiegelung der Seele, eine Hingabe der ganzen Person, ein Symbol des Geschenkes und der Liebe. Wenn der Priester und der Diakon den Altar küßen, dann bringen sie ihre ganze Liebe und Ehre gegenüber Dem zum Ausdruck, für den sie das Opfer der Hl. Messe feiern.
Auf dem Altar geschieht auch der heiligste Teil der Eucharistiefeier. Er küßt sozusagen Christus, der sich für uns mit Liebe opfert.

Die Hl. Messe beginnt mit dem Kreuzzeichen. Der Priester macht das Zeichen des Kreuzes und sagt: **„Im Namen des Vaters, des Sohnes und des Heilgen Geistes"**.
In diesem Moment machen alle Anwesenden ebenfalls das Kreuzzeichen. Das heißt: Seid aufmerksam, denn hier sind wir versammelt im Namen des Vaters, des Sohnes und des Heiligen Geistes. Das Kreuzzeichen machen wir langsam, würdig und vertieft im Glauben.
Mit der Dreifaltigkeit erinnern wir uns daran, getauft zu sein. Die Antwort aller ist: **„Amen"**
- dies ist hebräisch und bedeutet: **„So soll es geschehen"**.

Nach dem Kreuzzeichen begrüßt der Priester die versammelten Christen. Mit ausgebreiteten Händen erbittet er den Segen und die Gnade Gottes.
Gewöhnlich sagt er folgendes: **„Die Gnade unseres Herrn Jesus Christus, die Liebe Gottes des Vaters und die Gemeinschaft des Heiligen Geistes sei mit Euch!"** oder **„Der Herr sei mit Euch!"**

Er bringt damit der versammelten Gemeinde die Gegenwart des Herrn ins Bewußtsein.

Wir antworten: **„Und mit Deinem Geiste"**.
Hier ist nicht mehr der Priester gemeint, sondern Christus. Der Priester handelt ja in Persona Christi.

Die Gnade, die Liebe und die Gemeinschaft sind die tragenden Worte. Gnade heißt, daß uns Gott begnadet hat, und daß wir ihm gehören. Seine Liebe ist mit uns. Das bedeutet, er liebt uns wie die Mutter ihr Kind liebt. Die Gemeinschaft des Heiligen Geistes heißt, daß wir alle zusammen sind. Im Heiligen Geist sind wir eins, weil er uns fest miteinander verbindet.

Danach führt uns der Priester in die Tagesmesse ein. Besonders betont er, warum wir heute versammelt sind, wozu und wie wir am besten die Stimme Gottes annehmen sollten, wie wir in dieser Messe unseren Herrn feiern ..., was der Herr von uns erwartet, wie wir sein sollten.

Schuldbekenntnis

Nach der Begrüßung der Gemeinde lädt der Priester zum Schuldbekenntnis ein, das von allen gemeinsam vollzogen und durch
die vom Priester gesprochene Bitte um Vergebung abgeschlossen wird.
Es ist der Wunsch von uns, allen mit reinem Herzen und mit reiner Seele an der Heiligen Messe teilzunehmen. Ein Einswerden
mit dem Heiligen und reinen Gott ist nur mit einer reinen Seele
möglich. Das Eingeständnis unserer Sündhaftigkeit gegenüber
Gott und der Gemeinschaft mit der Bitte um Vergebung soll uns
helfen, Gott in Reinheit zu begegnen. Der Bußakt in der Heiligen
Messe ist wie eine Bußandacht und ersetzt nicht die sakramentale Heilige Beichte, in der alle Sünden nachgelassen werden
können.

Das Schuldbekenntnis ist sehr wichtig. Da stehen wir vor dem
Heiligen Gott, so wie wir sind: schwach, sündig, klein, demütig.
Ohne das Bekenntnis unserer Schuld und Sünden, ohne ehrli-
che Reue können wir die Heilige Messe nicht würdig feiern. Deshalb ruft uns der Priester auf, daß wir unsere Schuld und unsere
Sünden abladen, und daß wir uns gegenseitig verzeihen.
Wir alle zusammen bekennen unsere Schuld betend vor Gott:
**„Ich bekenne Gott, dem Allmächtigen, und allen Brüdern
und Schwestern, daß ich Gutes unterlassen und Böses ge-
tan habe – ich habe gesündigt in Gedanken, Worten und
Werken** – (wir schlagen uns an die Brust) **durch meine Schuld,
durch meine Schuld, durch meine große Schuld. Darum bit-
te ich die selige Jungfrau Maria, alle Engel und Heiligen und
Euch, Brüder und Schwestern, für mich zu beten bei Gott,
unserem Herrn".**
Denken wir einmal darüber nach, was wir beten.
„Ich bekenne Gott dem Allmächtigen ... daß ich gesündigt habe
... Wie?
In Gedanken, Worten, Werken und Unterlassungen ...
Tagelang habe ich nicht gebetet. ...

Ich habe meine Mitmenschen nicht geliebt. ... Wo Du von mir nur ein Lächeln erwartet hattest, habe ich es Dir nicht gegeben. Wo Du von mir ein Wort voller Wärme brauchtest, habe ich es Dir nicht gegeben. ...
Es tut mir leid. Mit Worten habe ich Dich verletzt, verflucht, war böse zu Dir ...; und deshalb, weil ich so falsch gehandelt habe, bitte ich die hl. Jungfrau Maria, alle Engel und Heiligen und Euch Brüder und Schwestern, für mich zu beten."

Vergessen wir nicht, daß immer am Anfang der Heiligen Messe ein Heilungsgebet ist.
GOTT MUSS UNS HEILEN ...
Deshalb bekennen wir unsere Sünden, bereuen und bitten um die Heilung. Beten für die anderen!

Es folgt die Vergebungsbitte des Priesters: **„Nachlaß, Vergebung und Verzeihung unserer Sünden gewähre uns der allmächtige und barmherzige Herr"**. Es ist eine Bitte an Gott und keine Lossprechung wie bei der Hl. Beichte.
Wir antworten: **„Amen"**

Gleich danach rufen wir: **„HERR ERBARME DICH UNSER!, CHRISTUS ERBARME DICH UNSER!"** Wir bitten darum, daß wir nie wieder das tun, was wir getan haben, daß wir nie wieder in das alte Leben zurückkehren. Es ist uns verziehen worden, wir sind geheilt worden, wir haben ein neues Herz ... Deshalb erbarme Dich Herr, damit wir wieder auf dem richtigen Weg vorankommen.

Kyrie eleison

Es ist auch ein **Lobpreis auf das Erbarmen des Herrn**.
Kyrie = (göttlicher) Herr. Eleison = erbarme Dich. Früher huldigte das Volk dem König, wenn er zu einer Audienz kam mit den „Kyrie" Rufen und mit dem „Eleison" wurde seine Gnade, Milde und Wohltätigkeit gepriesen.
Das „Kyrie eleison" - Gebet stammt noch aus der Zeit, als die Liturgiesprache griechisch war.

Der Priester betet: **„Kyrie eleison"**
wir antworten: **„Kyrie eleison"**
Der Priester betet: **„Christe eleison"**
wir antworten: **„Christe eleison"**
Der Priester betet: **„Kyrie eleison"**
wir antworten: **„Kyrie eleison"**

Gloria

Im Gloria verherrlicht die im Heiligen Geist versammelte Kirche den Vater und das Lamm und fleht um Erbarmen. Dies wird durch das gebetete
„Ehre sei Gott in der Höhe ...."
oder durch ein entsprechendes Glorialied ausgedrückt.

„Ehre sei Gott in der Höhe und Friede auf Erden den Menschen seiner Gnade. Wir loben Dich, wir preisen Dich, wir beten Dich an, wir rühmen Dich und danken Dir, den groß ist Deine Herrlichkeit: Herr und Gott, König des Himmels, Gott und Vater, Herrscher über das All, Herr, eingeborener Sohn, Jesus Christus, Herr und Gott, Lamm Gottes, Sohn des Vaters, Du nimmst hinweg die Sünden der Welt: Erbarme Dich unser; Du nimmst hinweg die Sünden der Welt: Erbarme Dich unser; Du nimmst hinweg die Sünden der Welt: nimm an unser Gebet; Du sitzest zur Rechten des Vaters: Erbarme Dich unser. Denn Du allein bist der Heilige, Du allein der Herr, Du allein der Höchste: Jesus Christus, mit dem Heiligen Geist, zur Ehre Gottes des Vaters. Amen.“

Tagesgebet

Der Priester betet das Tagesgebet, das ein zusammenfassendes Gebet ist. Dabei wird die Eigenart der Feier zum Ausdruck gebracht. Das Gebet des Priesters richtet sich durch den Sohn im Heiligen Geist an Gott den Vater.

Der Priester betet in einer uralten Haltung, wie sie schon auf Darstellungen in den Katakomben zu finden ist. Das heißt mit ausgebreiteten Armen, die als die Haltung von Christus am Kreuz zu sehen ist. Der eigentliche Beter ist ja Christus, der Erlöser am Kreuz selbst.

Nach dem Gloria lädt der Priester zum Gebet ein mit den Worten: **„Lasset uns beten!"** Nach einer kurzen Stille, in die wir unsere persönlichen Anliegen einfügen, betet der Priester in der Intention, das heißt zu wessen Ehren oder in welcher Meinung die Eucharistiefeier für den jeweiligen Tag gefeiert wird. Der Priester betet dieses Gebet im Namen der ganzen Gemeinde; deshalb stehen wir und sagen gemeinsam laut das: **„AMEN!"** (so sei es)

Wortgottesdienst
»Lebendig ist das Wort Gottes.« (Hebr 4,12)
Der erste Hauptteil der Hl. Messe ist der Wortgottesdienst.

Lesungen

In den Lesungen spricht Gott zu seinem Volk. Jesus Christus ist in seinem Wort inmitten der Gläubigen gegenwärtig. Das Wort Gottes im Alten Testament führt uns zu Jesus Christus; er hat selbst daraus gelebt. Die Schriften der Apostel geben Zeugnis von Menschen, die die Botschaft von Jesus Christus hörten und danach lebten. Der hl. Paulus lehrt: „Der Glaube kommt vom Hören" (Röm 10,17).

Gott hat sich dem Menschen im Wort geoffenbart. In den verschiedenen Worten der Bibel spricht letztlich das göttliche Wort zu uns selber, das Mensch geworden ist, damit wir seine Stimme hören können. Dafür gebührt Gott unser Dank. Daher antworten wir am Ende der Lesungen mit: **„Dank sei Gott"**

Die erste Lesung ist meistens aus dem Alten Testament.

Die zweite Lesung heißt auch „Apostelbriefe", weil meistens Teile aus den Apostelbriefen verlesen werden.

Die Apostel sind viel gereist, um das Wort Gottes zu verkünden; sie haben Briefe und Berichte geschrieben, um so den Gläubigen die Botschaft zu überbringen.
Die Lesungen aus dem Neuen Testament sprechen von der Entstehung der christlichen Gemeinden, wie sie dem Wort Gottes gefolgt sind, nach ihm lebten und es weitergegeben haben.

Der Zwischengesang zwischen der ersten und zweiten Lesung bildet in der Regel eine passender Psalm aus dem Alten Testament oder ein entsprechendes Lied aus dem Gotteslob.

Auf die zweite Lesung folgt das Halleluja oder in der Fastenzeit ein anderer entsprechender Ruf. Der freudige Jubel und Lobpreis des Halleluja verlangt unbedingt, daß wir uns erheben und Jesus, der in seinem Wort für uns da ist, begrüßen.

Halleluja kommt aus dem Hebräischen und bedeutet Hallel Jahwe = lobet Gott.

Evangelium

Daß die Verkündigung des Evangeliums in großer Ehrfurcht erfolgen soll, zeigt die Liturgie selbst, da sie dem Evangelium im Vergleich zu den übrigen Lesungen besondere Ehre erweist.
Das Evangelienbuch ist reich verziert und wird dem Volk entsprechend gezeigt, manchmal wird es auch mit Weihrauch beräuchert.
Sein Verkünder bereitet sich durch ein Gebet vor, beziehungsweise bittet um den Segen.
Nur der Bischof, Priester oder Diakon verkünden das Evangelium.

Im Evangelium spricht Jesus Christus selbst zu uns, <u>Er wird gegenwärtig</u> durch sein Wort.

Das Evangelium beginnt mit dem Ruf:
„DER HERR SEI MIT EUCH!", d.h. es ist notwendig, daß Jesus in seinem Geist zu uns und dem Verkünder des Evangeliums kommt, damit sein Wort in unser Leben einkehrt und in ihm verwirklicht wird.

Während der Diakon oder Priester spricht:
„Aus dem Heiligen Evangelium nach .... ."
bezeichnet er den Beginn des Evangelientextes im Buch mit dem Kreuzzeichen und anschließend sich und auch wir, das Volk, mit drei Kreuzzeichen auf Stirn, Mund und Brust.

Wir können dabei still beten: *„Herr reinige mit Deinen Heiligen Worten meine Gedanken, Worte und mein Herz".*
Wir antworten: **„Ehre sei Dir, o Herr".**

Wer Jesu Wort in sich einläßt, erfährt seine verwandelnde Kraft. Der Priester beendet das Evangelium mit den Worten:
„Evangelium unseres Herrn Jesus Christus".
Wir antworten: **„Lob sei Dir, Christus"**

Nach derVerkündigung des Evangeliums bittet der Diakon oder Priester leise: „Herr, durch Dein Evangelium verzeih uns unsere Schuld"

Predigt, Homilie

Schon in der jüdischen Synagoge war es üblich, das verlesene Wort Gottes für die Zuhörer auszulegen und zu erklären. Jesus selbst hat dies in der Synagoge von Nazareth getan (Lk 4,16 ff) und auch die Apostel haben im Gottesdienst gepredigt (Apg 13,15).

Nur die geweihten Apostelnachfolger, die Bischöfe dürfen dieses Amt ausführen. Priester und Diakone üben das Lehramt in Stellvertretung des Bischofs aus.

Für die Predigt gilt das Wort des Herrn. „Wer Euch hört, der hört mich" (Lk10,16). Während wir die Predigt hören, können wir uns wieder hinsetzen.
Denken wir dabei an Maria Magdalena:
„Sie saß im Hause des Lazarus zu den Füßen Jesu und hörte ihm aufmerksam zu" (Lk 10,39)
oder an seine Anweisung an die Jünger:
„.. die Leute sollen sich lagern.." bei der Bergpredigt (Mk 8,6).

Glaubensbekenntnis

Wir erheben uns zum Glaubensbekenntnis, dem Credo.
Stehend vor dem dreifaltigen Gott beteuern wir nochmals unsere Treue zu ihm. Wir erneuern unser Taufgelübde und bekennen uns zur Heilsgeschichte.

Wir beten oder singen: **„Ich glaube an Gott ...."**

Wir streben nach Gott, damit wir wieder in seine Nähe kommen und bitten ihn um das, was wir mit unserer Kraft in dieser Welt nicht ändern können, sondern nur durch den Glauben.

Fürbitten

Durch das Wort Gottes gestärkt, bittet die Kirche in den Fürbitten für die Anliegen der gesamten Kirche und für das Heil der ganzen Welt. Der Priester spricht einleitende Worte und lädt die Gläubigen zum Gebet ein. Es wird gebetet in den Anliegen der Kirche, für die Regierenden, für das Heil der Welt, für die Gemeinde und für die Verstorbenen. Die ganze Gemeinde bringt ihr Beten durch eine gemeinsame Anrufung nach den einzelnen Bitten zum Ausdruck. Wir können hier auch still noch unsere eigenen Anliegen Gott vortragen. Der Priester schließt die Fürbitten durch ein Gebet ab.

Die Lesungen der Heiligen Schrift haben uns die Botschaft Gottes überbracht und haben uns seinen Willen verkündet. Gott ruft uns, damit wir uns ihm ganz hingeben, ihm unser Leben schenken, unsere Arbeit, alle Situationen, in denen wir uns befinden. Er will mit uns verbunden leben. Und das kann er nur, wenn wir es ihm ermöglichen. Gott dürfen wir alles schenken!

Opfergottesdienst - Eucharistie

Nun kommen wir zum zweiten Teil der Heiligen Messe, dem Opfergottesdienst der Eucharistiefeier.

Eucharistie heißt Danksagung.

Alle Gebete, Lieder und Gesten dieses Teiles der Heiligen Messe sind geprägt von der Grundhaltung des Lobpreises und des Dankes.

Beim letzten Abendmahl setzte Christus das Opfer und das österliche Mahl ein, durch das in der Kirche das Kreuzesopfer immer gegenwärtig ist. Sooft der Priester das vollzieht, was Christus selbst getan und den Jüngern zu seinem Gedächtnis zu tun anvertraut hat, wird das Kreuzesopfer unblutig erneuert.

Christus nahm das Brot und den Kelch mit Wein, sprach den Lobpreis und sagte:
„Nehmt, ...das ist mein Leib, ..., das ist mein Blut, ..., Tut dies zu meinem Gedächtnis".

Die Kirche hat die Liturgie der Eucharistiefeier so geordnet, daß sie diesen Worten und Handlungen Christi entspricht:

Bei der Gabenbereitung werden Brot und Wein zum Altar getragen, jene Elemente, die Christus in seine Hände genommen hat.
Im eucharistischen Hochgebet wird Gott für das gesamte Heilswerk gedankt und die Gaben werden zu Christi Leib und Blut.

In der Heiligen Kommunion empfangen die Gläubigen den Leib und das Blut des Herrn, wie einst die Apostel von Christus.

Betrachten wir die einzelnen Teile der Eucharistiefeier etwas näher:

Gabenbereitung

Zu Beginn der Gabenbereitung wird der Altar, „der Tisch des Herrn", bereitet. Der Priester oder Diakon deckt den Kelch ab, nimmt ein spezielles weißes Tuch, das Corporale, und legt es auf den Altar, stellt darauf den Kelch und später eine flache goldene Schale (Patene) mit dem Brot (Hostien).

> Das Corporale war für die hl. Klara sinnbildlich das Tuch, auf das Maria das neugeborene Kind legte und auch das Linnen, in das man den toten Heiland gehüllt hatte.

Dann bringen die Ministranten die Gaben:
> Brot, Wein und Wasser zum Altar.

Meistens wird die Opferung von einem Gesang des Volkes begleitet, wir können die Opferung aber auch im Geiste mitvollziehen und entsprechend mitbeten.

Der Priester nimmt die Hostien, erhebt sie zu Gott Vater im Himmel, und betet:
„Gepriesen bist Du, Herr, unser Gott, Schöpfer der Welt. Du schenkst uns das Brot, die Frucht der Erde und der menschlichen Arbeit. Wir bringen dieses Brot vor Dein Angesicht, damit es uns das Brot des Lebens werde."
Wir antworten: **„ – Gepriesen bist Du in Ewigkeit, Herr, unser Gott."**

Wir sollen in diesem Augenblick uns und all unsere Anliegen mit auf die Patene legen, damit sie durch das Opfer Christi und die Gnade Gottes gewandelt werden.

Auch der Diakon und der Priester legen alle Sorgen, Leid, Freude und Trauer der Pfarrgemeinde auf den Altar und übergeben diese in Gottes Hände, damit sie bei der Wandlung in die guten Gaben wieder verwandelt werden zum Heil der Menschen.

Der hl. Pfarrer von Ars legte immer all seine Sorgen und seine ganze Pfarrgemeinde mit auf die Patene. Aus dieser verkommenen und abständigen Pfarrei, wie sie am Anfang war, wurde eine vorbildliche und eifrige Pfarrei. Mit auf die Patene legte er auch all seine eigenen Fehler und Schwachheiten. Nach und nach kamen immer mehr seiner Pfarrkinder wieder zur Heiligen Messe, und auch sie legten all ihre Sorgen mit auf die Patene.

Seit sie dies taten, spürten sie den Segen Gottes und fanden auch einen Sinn in ihrem Leben. Es wandelte sich vieles hin zum Guten.

Beim Erheben des Weines übergeben wir Gott unser seelisches Leben, unsere Gedanken, Gefühle, Wünsche usw.
Wir überbringen Gott unsere Leiden, unsere Fehler, unsere Schwächen. All das, was die Sünde in uns kaputt gemacht hat, geben wir Gott zur Heilung.
Das ist die Hingabe des Lebens. Alles, was wir Gott darbringen, wird vergöttlicht. Der Priester bringt das Brot dar, es wird zum Leib Christi, und wir geben uns hin, damit wir auch zum Leib Christi werden - zur KIRCHE.
Gott müssen wir auch die hellen und guten Seiten geben, das, was uns aufrecht hält und uns Kraft gibt ...

Dann nimmt der Diakon oder Priester den Wein von den Ministranten entgegen und gießt ihn in den Kelch, danach nimmt er das Wasser und wird entweder mit einem kleinen Löffelchen, oder ganz vorsichtig, einen Tropfen Wasser in den Wein geben und dabei betet er:

„Wie das Wasser sich mit dem Wein verbindet zum Heiligen Zeichen, so lasse uns dieser Kelch teilhaben an der Gottheit Christi, der unsere Menschennatur angenommen hat."

Wir können in Gedanken auch die Bitte an Christus richten:
„Herr, so wie sich das Wasser mit dem Wein verbindet, so laß auch mich, untrennbar mit Dir verbunden sein".

Die Symbolhaftigkeit dieses Tropfen Wassers im Wein ist durch die Gebete schon zum Ausdruck gekommen. Ein weiteres Symbol findet sich dann später bei der Heiligen Wandlung, wenn der Wein in das Blut Christi gewandelt wird. Sie stachen in seine Seite und sogleich floß Blut und Wasser hervor; das Symbol für das Sterben Jesu für uns.

Das Gießen des Wassers in den Wein, das Verbinden von Wein und Wasser in der Hl. Messe symbolisiert die Verbindung von Christi göttlicher Natur mit der Menschheit. Dies erinnert uns auch an die Menschwerdung.

Der Priester erhebt dann den Kelch zu Gott Vater im Himmel und betet: **„Gepriesen bist Du, Herr, unser Gott, Schöpfer der Welt. Du schenkst uns den Wein, die Frucht des Weinstocks und der menschlichen Arbeit. Wir bringen diesen Kelch vor Dein Angesicht, damit er uns der Kelch des Heiles werde".**
Wir antworten: **„ – Gepriesen bist Du in Ewigkeit, Herr, unser Gott."**

Der Priester betet stellvertretend für uns alle: **„Herr, wir kommen zu Dir mit reumütigem Herzen und mit demütigem Sinn, nimm uns an und gib, daß unser Opfer Dir gefalle".**
Bei diesem Gebet sollen wir unsere Ganzhingabe an Jesus Christus im Geiste vollziehen.

Händewaschung

Der Priester läßt sich von den Ministranten ein wenig Wasser über die Hände gießen und betet: **„Herr wasche ab meine Schuld, von meinen Sünden mache mich rein."**

Er tut dies zum Zeichen der Reinheit, um würdig zu sein, am Altar Gottes seinen Dienst zu vollziehen.

Oft wird vom Volk die ganze Gabenbereitung mit Gesang begleitet und der Priester betet still die Gebete.

Hierbei ist es natürlich schwer für uns, sich entsprechend einzubringen und geistig dabei zu sein.
>Aber versuchen sie es – es lohnt sich!<

Einleitung zum Hochgebet

Die Gabenbereitung wird abgeschlossen durch das Gebet des Priesters: **„Betet Brüder und Schwestern, daß mein und Euer Opfer Gott, dem allmächtigen Vater, gefalle."**

Dies ist nochmals ein Aufruf an die Gläubigen, daß sie sich der Heiligen Handlung anschließen.

Wir antworten: **„Der Herr nehme das Opfer an aus Deinen Händen zum Lobe und Ruhme seines Namens, zum Segen für uns und seine ganze Heilige Kirche."**

Dies ist die Überleitung zum eucharistischen Hochgebet.
Wir nehmen wieder eine stehende Haltung ein.
Im eucharistischen Hochgebet mit der Heiligen Wandlung, dem Gebet der Danksagung und Heiligung, erreicht die Messfeier ihren Höhepunkt. Der Priester lädt die Gemeinde ein, mit Gebet und Danksagung die Herzen zum Herrn zu erheben, so bindet er alle Versammelten in jenes Gebet mit ein, das er im Namen aller, durch Jesus Christus an Gott den Vater richtet.

Der Priester beginnt mit folgenden Gebeten:
„Der Herr sei mit Euch"
wir antworten: **„Und mit Deinem Geiste"**
Der Priester fordert uns auf: **„Erhebet die Herzen"**
wir antworten: **„Wir haben sie beim Herrn".**
Es ist wieder ein neues Ausrichten unserer Gedanken an den Herrn, und es soll unsere ganze Aufmerksamkeit auf den nun folgenden Höhepunkt der Heiligen Messe wecken. Unsere Antwort soll dies bekräftigen und aussagen: *JA, wir sind jetzt ganz dabei!* Geistigerweise können wir uns jetzt vorstellen, wir wären im Abendmahlsaal und gehen dann mit Jesus auf Golgatha.

Wir sagen, unsere Herzen sind beim Herrn, aber sehr oft sind das leere Worte, weil unsere Herzen in der Sünde von Gott getrennt sind und wir sind mit unseren Gedanken ganz wo anders.

Der Priester dankt Gott im Namen aller Versammelten, für all das, was er erschaffen hat und für uns getan hat, und was wir erhalten vom Vater durch den Sohn im Heiligen Geist. Der Priester fordert uns auf: **„Lasset uns danken dem Herrn, unserem Gott."**
Wir antworten: **„Das ist würdig und recht."**

Es folgt nun die Präfation (das Eingangslob zum Hochgebet, gesprochen vom Priester), wobei es je nach Kirchenjahr und Tag wechseln kann. Zum Beispiel:
„In Wahrheit ist es würdig und recht, Dir, allmächtiger Vater, zu danken und das Werk Deiner Gnade zu rühmen durch unseren Herrn Jesus Christus. Denn aus Erbarmen mit uns sündigen Menschen ist Er Mensch geworden aus Maria, der Jungfrau. Durch Sein Leiden am Kreuz hat er uns vom ewigen Tod befreit und durch Seine Auferstehung uns das unvergängliche Leben erworben. Darum preisen Dich Deine Erlösten und singen mit den Chören der Engel das Lob Deiner Herrlichkeit: Heilig ...."

Wir danken dabei Gott, daß die Erlösung jetzt für uns, die wir an der Heiligen Messe teilnehmen, wieder geschieht.

Sanctus

Die gesamte Gemeinde vereint sich nun mit den himmlischen Mächten und singt oder spricht das Sanctus. Es ist das *dreifache "Heilig"*, das der Prophet Jesaja in einer Himmelsvision (Jes 6,3) aus dem Mund der Seraphim vernahm, die den Thron Gottes umschweben.

Der zweite Teil des Gebets erinnert an den Einzug Jesu in Jerusalem, als das Volk Ihm zujubelte: „Hosanna dem Sohne Davids! Hochgelobt, der da kommt im Namen des Herrn! Hosanna in der Höhe!. (Mt 21,9)

Wir stehen jetzt auch vor dem Throne Gottes, bringen unseren Lobpreis dar, so wie es die Offenbarung des Johannes (Offb 4,8-11) beschreibt.

Wir sind vereint mit allen Engeln und Heiligen, deren Lobgesang Tag und Nacht „Ohne Ende" vor Gott ertönt.

Dieser Lobgesang oder dieses Gebet wird von allen gemeinsam mit dem Priester gesungen oder gebetet.

„Heilig, heilig, heilig, Gott Herr aller Mächte und Gewalten. Erfüllt sind Himmel und Erde von Deiner Herrlichkeit. Hosanna in der Höhe! Hochgelobt sei, der da kommt im Namen des Herrn. Hosanna in der Höhe!"

Dies ist der Übergang zur Heiligen Wandlung:

Ausschnitt aus einer Vision der
hl. Hildegard von Bingen:

...... als der Priester das Lob des allmächtigen
Gottes, welches lautet: „Heilig, heilig, heilig ist
der Herr, Gott Sabaoth", sang und so die un-
aussprechlichen Geheimnisse zu preisen begann, stieg plötzlich ein feuriges Blitzen von
unbeschreiblicher Klarheit, aus dem geöffneten
Himmel auf diese Opfergabe herab und über-
goß sie ganz mit soviel Klarheit, wie das Son-
nenlicht eine Sache erleuchtet, welche es mit
seinen Strahlen durchdringt. Und während das
feurige Blitzen die Opfergabe auf solche Weise
bestrahlte, trug es sie unsichtbarerweise auf-
wärts in die Verborgenheit des Himmels und
brachte sie dann wieder herab auf den Altar –
wie ein Mensch seinen Atem nach innen zieht
und ihn dann nach außen entläßt – so jene Opfergabe, nachdem sie das wahre Fleisch und
das wahre Blut Christi geworden war, obgleich
sie in den Augen der Menschen als Brot und
Wein erscheinen. Und als ich das sah, erschienen zugleich auch die Zeichen der Geburt, des
Leidens und des Begräbnisses, sowie der Auferstehung und Himmelfahrt unseres Erlösers,
des eingeborenen Sohnes Gottes, wie in einem
Spiegel, wie sie auch, als der Sohn Gottes auf
der Welt war, an ihm vorgegangen sind, d.h.,
Christus wird durch die Konsekration als Ho-
herpriester mit dem Gesamtwerk der Erlösung
auf dem irdischen Altar gegenwärtig".

Heilige Wandlung

Wir knien uns, wenn es möglich ist, zur Heiligen Wandlung nieder. Unser ganzer Körper drückt damit aus: Hier ist Gott gegenwärtig. Das Knien ist ein wirklich wichtiger Ausdruck des lebendigen, echten Glaubens an die Gegenwart des Herrn unter den Heiligen Gestalten.
Der Priester breitet nun seine Hände zum Segen über die Gaben aus zum Zeichen dafür, daß der Heilige Geist herabkommen und die heilbringende Verwandlung bewirken möge. Die ausgebreiteten Hände verweisen auf die Handauflegung als biblisch bezeugtes Symbol der Geistausgießung.
Er betet das Hochgebet - Im Messbuch der Kirche gibt es vier Hochgebete und darüber hinaus noch weitere zugelassene Hochgebete

Hier zum Beispiel das zweite Hochgebet des Messbuches:
„Ja, Du bist heilig großer Gott,
Du bist der Quell aller Heiligkeit".
„Darum bitten wir Dich:
Sende Deinen Geist herab auf diese Gaben und heilige sie,
damit sie uns werden Leib und Blut Deines Sohnes, unseres
Herrn Jesus Christus.
Denn am Abend, an dem er ausgeliefert wurde und sich
aus freiem Willen dem Leiden unterwarf, nahm er das Brot
und sagte Dank, brach es, reichte es seinen Jüngern und
sprach: Nehmet und esset alle davon.
DAS IST MEIN LEIB, DER FÜR EUCH HINGEGEBEN WIRD".

Hierzu nimmt der Priester die Heilige Hostie in die Hand und nach den Einsetzungsworten erhebt er sie zur Verehrung und zu Gott Vater als Hingabe. Die Ministranten geben ein Klingelzeichen.

Wir können in diesem Augenblick auch eine kurze Anbetung verrichten. Wir können in Stille zum Beispiel beten:
„Mein Herr und mein Gott"

---

oder „*Jesus, Dir leb ich, Jesus, Dir sterb ich, Jesus, Dein bin ich tot und lebendig*"

oder „*Jesus sei mir gnädig, Jesus sei mir barmherzig, Jesus verzeih mir meine Sünden.*"

oder „*Sei gegrüßt, o wahrer Leib Jesu Christi, für mich am Kreuz geopfert! In tiefster Demut bete ich Dich an.*"

Der Priester nimmt dann den Kelch in seine Hände und betet:
**„Ebenso nahm er nach dem Mahl den Kelch, dankte wiederum, reichte ihn seinen Jüngern und sprach:
Nehmet und trinket alle daraus:
DAS IST DER KELCH DES NEUEN UND EWIGEN BUNDES, MEIN BLUT, DAS FÜR EUCH UND FÜR ALLE VERGOSSEN WIRD ZUR VERGEBUNG DER SÜNDEN. TUT DIES ZU MEINEM GEDÄCHTNIS."**

Nach den Wandlungsworten erhebt der Priester auch den Kelch zur Verehrung und zu Gott Vater als Hingabe.

Wir können wieder eine kurze Anbetung verrichten oder in Stille zum Beispiel beten: „*Mein Herr und mein Gott*"

oder „Kostbares Blut Jesu schütze uns, und werde uns zum Heil."

oder „Sei gegrüßt, o kostbares Blut Jesu Christi, für mich am Kreuz vergossen! In tiefster Demut bete ich Dich an."

oder „Jesus, schenke mir einen Tropfen Deines kostbaren Blutes und lasse Ihn mit meinem Blute durch meine Adern fließen und ich kann heil und heilig werden."

Wenn schon „ein kleiner Tropfen des Blutes Jesu der ganzen Erde, Gottes Heil zu schenken vermag" (hl Thomas von Aquin), wie sehr dürfen wir dann auch im Augenblick der Heiligen Wandlung darauf vertrauen, daß der Kelch des Heiles uns heilt und heiligt.

Leider ist die Zeit bei der Erhebung der Gestalten von verschiedenen Priestern so kurz gehalten, daß uns nicht mehr Zeit für die Anbetung bleibt.

Die Erhebung der Gestalten von Brot und Wein erinnert auch an das Bibelwort: „Sie werden auf den blicken, den sie durchbohrt haben" (Joh 19,37)

bzw. es erfüllt sich von neuem das Wort Jesu:
„Ich aber werde, wenn ich erhöht bin von der Erde, alle an mich ziehen:" (Joh 12,32)

Nach der Erhebung des Leibes und Blutes Christ fordert der Priester die Gemeinde auf, ihren Glauben an die Gegenwart Christi zu bekunden:
„Geheimnis des Glaubens:"

Wir antworten: **„Deinen Tod, o Herr, verkünden wir, und Deine Auferstehung preisen wir, bis Du kommst in Herrlichkeit."**

Jede Hl. Messe ist die unblutige Erneuerung des Kreuzesopfer Christi für die Personen, die an der Hl. Messe teilnehmen und die wir durch unser Gebet daran teilhaben lassen.

Wir alle sind der Leib Christi. Das ist der Moment, wo jeder Haß, alles Schlechte erlöschen und die Liebe siegen sollte. Schon der Apostel Paulus sagt: „denn Ihr alle seid >einer< in Christus Jesus". (Gal 3,28)

Ein Gebet der hl. Gertrud von Helfta möge uns das große Geheimnis noch etwas mehr verdeutlichen.

„Oh mein Jesus, ja ich glaube, daß Du hier in Brot und Wein gegenwärtig bist und unter uns wohnst, daß Du hier wahrhaft, wirklich und wesentlich gegenwärtig bist, mit Fleisch und Blut, mit Leib und Seele, Gottheit und Menschheit, wie Du im Himmel zur Rechten Deines Vater bist. Und ich glaube dieses, weil die Heilige Kirche, die Du gestiftet hast, solches lehrt und zu glauben vorstellt. Im Licht dieses Glaubens sehe ich Dich hier unter den beiden Gestalten von Wein und Brot, wie Du voll Liebe erwartest, daß alle, die an Dich glauben, zu Dir kommen, Dich heimsuchen, um Dich anzubeten und zu empfangen, Dir Liebe und Dank zu erweisen und um von Dir viele und große Gnaden zu erlangen. Oh verschmähe nicht die Huldigung eines so armseligen Geschöpfes, wie ich es bin, und erhöre mein Flehen, das ich an Dein heiligstes, liebesvolles Herz richte. Amen"

Der Priester betet mit ausgebreiteten Armen, also in der Kreuzeshaltung von Christus im 2. Hochgebet weiter:

„Darum gütiger Vater, feiern wir das Gedächtnis des Todes und der Auferstehung Deines Sohnes und bringen Dir so das Brot des Lebens und den Kelch des Heiles dar. Wir danken Dir, daß Du uns berufen hast, vor Dir zu stehen und Dir zu dienen. Wir bitten Dich: Schenke uns Anteil an Christi Leib und Blut, und laß uns eins werden durch den Heiligen Geist.   Gedenke Deiner Kirche auf der ganzen Erde und vollende Dein Volk in der Liebe, vereint mit unserem Papst (N.N.), unserem Bischof (N.N.) und allen Bischöfen, unseren Priestern und Diakonen und mit allen, die zum Dienste in der Kirche bestellt sind.   Gedenke aller unserer Brüder und Schwestern, die entschlafen sind in der Hoffnung, daß sie auferstehen. Nimm sie und alle, die in Deiner Gnade aus dieser Welt geschieden sind in Dein Reich auf, wo sie Dich schauen von Angesicht zu Angesicht.   Vater, erbarme Dich über uns alle, damit uns das ewige Leben zuteil wird in der Gemeinschaft mit der seligen Jungfrau und Gottesmutter Maria, mit Deinen Aposteln und mit allen, die bei Dir Gnade gefunden haben von Anbeginn der Welt, daß wir Dich loben und preisen durch Deinen Sohn Jesus Christus.“

Nun erhebt der Priester und der Diakon wieder beide Gestalten, den Leib und den Kelch mit dem Blut Christi zu Gott Vater und der Priester betet:
„Durch Ihn und mit Ihm und in Ihm ist Dir, Gott, allmächtiger Vater, in der Einheit des Heiligen Geistes alle Herrlichkeit und Ehre jetzt und in Ewigkeit!“
Wir antworten: „Amen.“

Wir sollen uns auf das Heilige Mahl mit Jesus einstimmen und entsprechend vorbereitet, seinen Leib und sein Blut als geistige Nahrung empfangen und in uns verinnerlichen. Wir sollten die Worte der Gebete und unsere Handlungen bis zur Heiligen Kommunion auf uns wirken lassen.

Im „Vaterunser", im Zwischengebet des Priesters und beim „Agnus Dei" sind wichtige Bitten an Gott enthalten. Wir bitten dabei nicht nur um das tägliche Brot, sondern auch um das eucharistische Brot für das ewige Leben. Wir bitten um Befreiung von unseren Sünden und dem Bösen, damit das Heilige wirklich uns als geheiligte Menschen gereicht werde. Bereiten wir uns also vor, auch würdig zur Heiligen Kommunion zu gehen.

Kommunion: - bedeutet Gemeinschaft, Vereinigung, Einswerdung mit Christus in der Heiligen Kommunion.

Vaterunser

Wir erheben uns zum Gebet des Herrn, dem Vaterunser:
Der Priester betet:
„Dem Wort unseres Herrn und Erlösers gehorsam und getreu seiner göttlichen Weisung wagen wir zu sprechen:"
Alle: **„Vater unser im Himmel, geheiligt werde Dein Name. Dein Reich komme. Dein Wille geschehe, wie im Himmel so auf Erden. Unser tägliches Brot gib uns heute. Und vergib uns unsere Schuld, wie auch wir vergeben unsern Schuldigern. Und führe uns nicht in Versuchung, sondern erlöse uns von dem Bösen".**

Der Priester führt die letzte Bitte des Vaterunsers weiter und erbittet für die Gemeinde der Gläubigen die Befreiung von der Macht des Bösen und betet: **„Erlöse uns, allmächtiger Vater, von allem Bösen und gib Frieden in unseren Tagen. Komm uns zu Hilfe mit Deinem Erbarmen und bewahre uns vor Verwirrung und Sünde, damit wir voll Zuversicht das Kommen unseres Erlösers Jesus Christus erwarten".**

Wir antworten: **„Denn Dein ist das Reich und die Kraft und die Herrlichkeit in Ewigkeit. Amen.**"

Friedensgruß

Der Ritus des Friedensgrußes erinnert uns daran, daß wir mit allen Menschen in Frieden leben sollen. Wir müssen allen verzeihen, ganz gleich, was sie uns getan haben. Wir sollen alle um Verzeihung bitten, die noch einen Groll gegen uns haben, auch wenn dieser unberechtigt ist. Wir sollen alle um Versöhnung bitten, damit wir Frieden im Herzen haben, wenn wir die Heilige Kommunion empfangen wollen.

Sonst, so sagt Jesus zu uns in der Bergpredigt: „Wenn Du Deine Opfergabe zum Altar bringst und Dir dabei einfällt, daß Dein Bruder etwas gegen Dich hat, so laß Deine Opfergabe dort vor dem Altar liegen; geh und versöhne Dich zuerst mit Deinem Bruder, dann komm und opfere Deine Gabe (Mt 5,23-24)".

Wenn wir nicht verzeihen können, sollten wir lieber nicht an der Heiligen Kommunion teilnehmen, denn der Apostel Paulus sagt uns: „Wer also unwürdig von dem Brot ißt und aus dem Kelch des Herrn trinkt, macht sich schuldig am Leib und am Blut des Herrn. Jeder soll sich selbst prüfen; erst dann soll er von dem Brot essen und aus dem Kelch trinken. Denn, wer davon ißt und trinkt, ohne zu bedenken, daß es der Leib des Herrn ist, der zieht sich das Gericht zu, in dem er ißt und trinkt". (1.Kor 11,27-29).

Der Priester betet: **„Der Herr hat zu seinen Aposteln gesagt: Frieden hinterlasse ich Euch, meinen Frieden gebe ich Euch. Deshalb bitten wir: Herr Jesus Christus schau nicht auf unsere Sünden, sondern auf den Glauben Deiner Kirche und schenke ihr nach Deinem Willen Einheit und Frieden. Der Friede des Herrn sei allezeit mit Euch.**"

Dabei öffnet der priester die Hände, daß der Friede Jesu Christi der Gemeinde zufließen kann.

Wir antworten: **„Und mit Deinem Geiste.**"

Wir können nun unserem Nachbarn die Hand symbolisch für alle Mitmenschen zum Friedenswunsch und zur Versöhnung reichen. Es soll eine kleine Geste sein und uns nicht von der Konzentration auf eine würdige Heilige Kommunion ablenken.

Agnus Dei

Es folgt die Brechung der Heiligen Hostie in drei Teile. Erst bricht der Priester die Heilige Hostie entzwei, um dann von der einen Hälfte noch ein kleines Stück abzubrechen und in den Kelch mit dem kostbaren Blut zu geben. Die Symbolik dieser Handlung hat einen ganz tiefen Sinn. Die gebrochene Heilige Hostie ist der für uns „gebrochene" Leib Christi, der Leib des sich opfernden Gotteslammes, Christus, der für uns gestorben ist. Das geschlachtete Lamm ist ein Bild für den geopferten Christus. Es erinnert an das jüdische Passahfest, das die Juden jedes Jahr zum Gedenken an den Auszug aus der Sklaverei aus Ägypten und der Befreiung vom Tod des Erstgeborenen bei den Ägyptern erinnert. Auch wir werden durch das geopferte Lamm, Jesus Christus, der sich für uns hingegeben hat aus dem ewigen Tod der Sünde und der Sklaverei des Satans befreit. Ferner ist das geschlachtete Lamm, wie in der Apokalypse (Offb 5,6-10) beschrieben, ein Symbol und Bild für den geopferten Christus, der mit seinem Blut die Menschen aus allen Stämmen und Sprachen für Gott erworben hat. (Offb 5,6-10)

Wenn der Priester das kleine Stückchen wieder in den Kelch zum Heiligen Blut gibt, so werden die Gestalten von Fleisch und Blut wiedervereint, das versinnbildlicht die Auferstehung. Wir feiern bei der Eucharistie den Tod und die Auferstehung unseres Herrn. So begegnet uns in der Heiligen Kommunion der geopferte und auferstandene Leib des Herrn. Der Priester betet: **„Das Sakrament des Leibes und Blutes Christi schenke uns ewiges Leben."**

Wir nehmen die kniende Haltung ein, um das Lamm Gottes anzubeten.
Wir beten: **"Lamm Gottes, Du nimmst hinweg die Sünden der Welt: Erbarme Dich unser.**
Lamm Gottes, Du nimmst hinweg die Sünden der Welt: Erbarme Dich unser.
Lamm Gottes, Du nimmst hinweg die Sünden der Welt: Gib uns Deinen Frieden."

Der Priester betet: **„Herr Jesus Christus, Sohn des lebendigen Gottes, dem Willen des Vaters gehorsam, hast Du im Heiligen Geist durch Deinen Tod der Welt das Leben geschenkt. Erlöse mich durch Deinen Leib und Dein Blut von allen Sünden und allem Bösen. Hilf mir, daß ich Deine Gebote treu erfülle, und laß nicht zu, daß ich jemals von Dir getrennt werde."**

Heilige Kommunion

Der Priester erhebt die Heilige Hostie zur Verehrung und betet: **„Seht das Lamm Gottes, das hinweg nimmt die Sünde der Welt".**

Wir beten: **„Herr, ich bin nicht würdig, daß Du eingehst unter mein Dach, aber sprich nur ein Wort, so wird meine Seele gesund."**

Vor der Heiligen Kommunion beten wir wie der Hauptmann von Kapharnaum, dessen Glaube der Herr gerühmt und erhört hat (Lk 7.2-10):
**„Herr, ich bin nicht würdig, daß Du eingehest unter mein Dach,
aber sprich nur ein Wort, so wird meine Seele gesund".**

Der Priester lädt ein: **„Selig, die zum Hochzeitsmahl des Lammes geladen sind."**

Nun kommuniziert als erster der Priester, dann der Diakon und dann können wir die Heilige Kommunion empfangen. Bedenken wir dabei, **Wen** wir empfangen (den Leib unseres Herrn Jesus Christus) und versuchen wir, es so würdig wie möglich zu tun.
Wenn uns der Priester die Heilige Kommunion reicht, sagt er: **„Der Leib Christi!"**
Wir bekräftigen es wie ein Glaubensbekenntnis durch unser: **„Amen"** - So sei es! -

Gerne erinnere ich mich noch an meine Kindheit zurück, als wir noch an der Kommunionbank knien konnten. Wir waren dabei am Tisch (mit einem Tischtuch bedeckter schmaler langer Tisch) des Herrn in einer demütigen anbetenden Haltung und konnten aus der Hand des Priesters (Christus) die Heilige Kommunion direkt in den Mund empfangen. (Das heißt auch sinnbildlich Christus

reicht uns, wie im Abendmahlsaal seinen Jüngern, das Brot des Lebens, seinen Leib). Die Ministranten hielten uns einen Teller (Patene) unter das Kinn um eventuell herabfallende Partikelchen der Heiligen Hostie aufzufangen. Auch ein Mißbrauch der Heiligen Hostie, des Leibes Christi wurde so weitestgehend vermieden.

Nachdem wir den Leib des Herrn empfangen haben, knien wir nieder und konzentrieren uns ganz auf Jesus, der nun in unseren Herzen ist. Zur besseren Konzentration kann man auch die Hände vor das Gesicht halten, so wird man nicht abgelenkt. Es ist gut, wenn man in dieser Phase eine Zwiesprache mit Jesus hält und still betet. Zum Beispiel:

„Mein Herr und mein Gott, nimm alles von mir, was mich hindert, zu Dir. Mein Herr und mein Gott, gib alles mir, was mich fördert zu Dir. Mein Herr und mein Gott, nimm mich mir und gib mich ganz zu Eigen Dir."
(Hl. Niklaus von der Flüe)

oder: *„Seele Christi, heilige mich. Leib Christi, rette mich. Blut Christi, tränke mich. Wasser der Seite Christi, wasche mich. Leiden Christi, stärke mich. O guter Jesus, erhöre mich. Birg in Deinen Wunden mich. Von Dir laß nimmer scheiden mich. Vor dem bösen Feind beschütze mich. In meiner Todesstunde rufe mich, zu Dir zu kommen heiße mich, mit Deinen Heiligen zu loben Dich in Deinem Reiche ewiglich. Amen."*

Oder wir beten einfach mit unseren eigenen Worten, wobei wir Jesus danken für seine Gnaden, die er uns schenkt und bitten ihn doch in unserem Herzen zu wohnen und uns so zu verändern, daß wir ihm wohlgefällig werden, wir bitten Ihn, bei uns zu bleiben und uns zu führen.

Wir wollen mit dem hl. Paulus sagen: „So lebe nun nicht mehr ich, sondern Christus lebt in mir" (Gal 2,20)

Das stille Gebet des Priesters nach der Heiligen Kommunion faßt zusammen: **„Was wir mit dem Munde empfangen haben, Herr, das laß uns auch mit reinem Herzen aufnehmen, und aus dieser zeitlichen Gabe werde uns ein Heilmittel für die Ewigkeit".**

Mit der Kraft des Heiligen Geistes, mit dem Wort Gottes und der Annahme der himmlischen Nahrung ist unser seelisches Leben erneuert.

Schlußritus

Nachdem die Heilige Kommunion ausgeteilt, die Heiligen Gefäße gereinigt und der Altar abgeräumt ist, spricht der Priester mit ausgebreiteten Armen (Kreuzeshaltung) das Schlußgebet, in dem für die Gabe des Sakramentes gedankt und seine reiche Frucht erbeten wird.

Wir erheben uns zum Schlußgebet und antworten mit: **„Amen"**
Der Schlußritus bittet um Geleit und Schutz für die Gläubigen, die nun aus der Gegenwart des Herrn den Weg in den Alltag gehen. Der Herr sendet uns in die Welt, Er will nun in Dir und mit Dir arbeiten.

»Geht zu allen Völkern und macht alle Menschen zu meinen Jüngern.« (Mt 28,19).

Die verwandelnde Kraft der Nähe und Liebe Gottes soll sich auswirken. Wir werden gesandt, Versöhnung und Liebe Gottes im Alltag zu leben.

Dazu empfangen wir den Segen Gottes.

Segen

Der Priester hält die Hände über uns zur Spendung des Segens und betet:
„Der Herr sei mit Euch."
Wir antworten: **„und mit Deinem Geiste".** Denken wir daran, nicht der Priester, sondern Christus segnet uns. Der Priester kann z.b. folgende Segensformel benutzen:

„Der Herr segne Euch und behüte Euch; der Herr lasse sein Angesicht über Euch leuchten und sei Euch gnädig; Er wende Euch sein Angesicht zu und schenke Euch seinen Frieden!"
Wir antworten. **„Amen"** – so sei es!
Der Priester weiter: **„Das gewähre Euch der dreieinige Gott, der Vater und der Sohn und der Heilige Geist."** Zum Zeichen des Segens bezeichnet er uns mit einem Kreuz.

Wir antworten. **„Amen"** – so sei es!

Aussendung

Wir werden entlassen mit der Aufforderung:
„Gehet hin in Frieden."
Wir antworten. **„Dank sei Gott, dem Herrn."**

Früher wurden wir entlassen mit dem Ruf:
„Ite, missa est" = Gehet hin, Ihr seit gesendet.
Unsere Antwort war: „Deo gratias" = Dank sei Gott, dem Herrn.

Der Priester verläßt nach einem Schlußlied die Kirche.

Die Brüder und Schwestern gehen hin in Frieden und tragen mit sich die Liebe Christi und seine Freude.

Es ist gut, wenn wir nicht sofort nach der Aussendung die Kirche verlassen, sondern noch einen Moment in der Stille und des Dankes verweilen, ein Dankgebet verrichten.

Beim Verlassen der Kirche können wir uns wieder mit dem Weihwasser bekreuzigen und dabei auch der Armen Seelen gedenken und für Sie mit dem Weihwasser den Segen Gottes erbitten.

Vor und nach der Heiligen Messe

Vorbereitung und Danksagung.

Wenn wir eingeladen sind zu einem Fest, dann bereiten wir uns auch entsprechend vor, kleiden uns angemessen, wählen ein Geschenk und versuchen auf alle Fälle rechtzeitig da zu sein. Wir überlegen uns auch Worte zur Begrüßung und des Dankes. Wenn wir wieder gehen, bedanken wir uns für alles Gute und Schöne. Genauso ist es natürlich mit der Heiligen Messe. Gott lädt uns ein. Wir bereiten uns auf die Begegnung und Einladung vor, dazu gehört, daß wir pünktlich sind und Zeit haben, uns im Gebet auf die Heiligen Messe vorzubereiten.

Wir begrüßen Gott, so wie wir auch unseren Gastgeber begrüßen, wir danken für die Einladung und stellen IHM all diejenigen vor, die auch eingeladen waren, aber leider nicht da sind oder sein können.

Wir können uns mit entsprechenden Gebeten vorbereiten. Sehr gute Gebete zur Vorbereitung stehen auch im Gotteslob. Viele Liedtexte sind wertvolle Psalmtexte z.B. GL 474 / 515 – 519 und lassen sich gut meditieren.

Wir können ein Gesätz vom Rosenkranz oder den Barmherzigkeitsrosenkranz beten.

In dem Gebetsprogramm von Medjugorje werden vor der Heiligen Messe zwei Rosenkränze gebetet und nach der Heiligen Messe der dritte Rosenkranz als Danksagung.

Tut dies zu meinem Gedächtnis

Danksagung nach der Heiligen Messe

Wenn die Heilige Messe zu Ende ist und wir den Ruf „Gehet hin in Frieden" vernommen haben, sollten wir, wenn möglich, noch einen Augenblick verweilen und uns bei Gott unserem Gastgeber bedanken für die Wohltaten und Gnaden, die er uns zu teil werden ließ.

Wir können Gott danken, in dem wir ein Glaubensbekenntnis, Vaterunser, Ave Maria und Ehre sei dem Vater ...... in der Meinung des Hl. Vaters beten.

Wir können natürlich auch unsere Gedanken zu einem Gebet formulieren oder wieder Liedtexte aus dem Gotteslob (z.b. GL558) meditieren.

Geistige Kommunion

Groß soll die Sehnsucht in unseren Herzen sein, jenes Brot zu empfangen, das vom Himmel kommt und uns das ewige Leben gibt. Bitten wir Gott um ein reines Herz, damit wir die Heilige Kommunion würdig empfangen können. Sollten wir in einer schweren Sünde leben, dann müssen wir diese bereuen und dürfen die Heilige Kommunion erst nach der im Sakrament der Buße erhaltenen Vergebung empfangen.

Sollte jemand aufgrund seines Lebensstandes (z.B. geschieden und wieder verheiratet) oder aufgrund seiner Konfession (z.B. evangelisch) die Hl. Kommunion nicht empfangen dürfen, oder aus Krankheits-, Altersgründen oder weil kein Hl. Messopfer an einem erreichbaren Ort gefeiert wird, nicht die Heilige Kommunion empfangen können, dann gibt es durch das sehnsüchtige Verlangen nach der Gemeinschaft mit Gott, in der Heiligen Eucharistie, die Möglichkeit der **„geistigen Kommunion"**. Gott sieht auf die Sehnsucht des ehrlichen Herzens, und Er wird das ergänzen, was noch fehlt, wenn jemand wirklich nach Ihm verlangt und Ihm dienen will. Papst Johannes Paul II. empfiehlt in seiner Enzyklika - ECCLESIA DE EUCHARISTIA - die Übung der „geistigen Kommunion", die sich seit Jahrhunderten in der Kirche verbreitet hat und von heiligen Lehrmeistern des geistlichen Lebens empfohlen wurde. Die hl. Theresia von Jesus schrieb: „Wenn Ihr nicht kommuniziert und an der Messe teilnehmt, könnt Ihr geistig kommunizieren. Diese Übung bringt reiche Früchte ... So prägt sie in Euch stark die Liebe unseres Herrn ein".

Leider wird heute wenig von der Möglichkeit der geistigen Kommunion gesprochen. Deshalb ist sie auch kaum beachtet und in ihrem Wert gänzlich unterschätzt. Dabei ist es so einfach, sich Jesus durch Sehnsucht und Liebe geistig ins Herz zu rufen. Diese Möglichkeit, sich im Inneren mit Jesus zu vereinen, ist gerade heute höchst aktuell!

Wie kann ich geistig kommunizieren?

Wenn ich die Sehnsucht nach dem Leib des Herrn habe, und an keiner Hl. Messe teilnehmen kann darf ich Jesus im Gebet bitten, auch so in mein Herz zu kommen, mir Nahrung und Stärkung zu sein und bei mir zu bleiben. Dies gilt auch für die Mitfeier der Hl. Messe im Radio oder Fernsehen. Ich bete und bitte Jesus mit den Worten, die mir gerade einfallen oder benutze ein entsprechendes Gebet. Wenn ich Jesus inständig bitte, wird er mir diesen Wunsch bestimmt nicht verweigern und auch gerne in mein Herz kommen.

Gebet für die geistige Kommunion

Mein Jesus, ich glaube, daß Du im Heiligen Sakrament gegenwärtig bist. Ich liebe Dich über alles und meine Seele sehnt sich nach Dir. Da ich Dich jetzt in der Heiligen Kommunion nicht empfangen kann, bitte ich Dich, komm wenigstens geistig in mein Herz. Ich will Dich umarmen und will mich geistig mit Dir vereinigen. Laß nicht zu, daß ich mich je von Dir entferne. Amen.

Weitergehende Ausführungen zur geistigen Kommunion folgen ab Seite 159

Krankenkommunion

Wenn Kranke nicht an der Heiligen Messe direkt teilnehmen können, bringen ihnen die Priester (Diakone, Beauftragte) die Heilige Kommunion ins Haus. In vielen Gemeinden geschieht dies am ersten Freitag (Herz-Jesu-Freitag) oder Samstag (Herz-Mariä-Sühnesamstag) im Monat.
Siehe dazu auch die Ausführungen im Gotteslob Nr. 371

Heilige Messe im Fernsehen und Radio

Die modernen Medien wie Radio und Fernsehen geben unseren Kranken und zwangsweise verhinderten Mitmenschen die Möglichkeit, an der Heiligen Messe über Lautsprecher und Bildschirm mitzubeten. Wir sind allen, die dies ermöglichen, sehr dankbar.

Gott wird einem Menschen, der wirklich keine andere Möglichkeit hat, eine Heilige Messe zu besuchen, die Mitfeier an Radio oder Fernseher auch als Besuch der Heiligen Messe anrechnen. Wir können dann natürlich auch die geistige Kommunion vollziehen. Es ist für diese Menschen eine Gnade und sicherlich ein gültiger Ersatz.

Denken sie an das Wort aus der Heiligen Schrift.
Das Gleichnis vom Festmahl: (Lk 14,15-24)
Jesus sagte: Ein Mann veranstaltete ein großes Festmahl und lud viele dazu ein.
Als das Fest beginnen sollte, schickte er seinen Diener und ließ den Gästen, die er eingeladen hatte, sagen: Kommt, es steht alles bereit!
Aber einer nach dem anderen ließ sich entschuldigen. Der erste ließ ihm sagen: Ich habe einen Acker gekauft und ich muß jetzt gehen und ihn besichtigen. Bitte entschuldige mich!
Ein anderer sagte: Ich habe fünf Ochsengespanne gekauft und ich bin auf dem Weg, sie mir anzusehen. Bitte entschuldige mich!
Wieder ein anderer sagte: Ich habe geheiratet und kann deshalb nicht kommen.
Der Diener kehrte zurück und berichtete seinem Herrn. Da wurde der Herr zornig und sagte zu seinem Diener: Geh schnell auf die Straßen und Gassen der Stadt und hol die Armen und die Krüppel, die Blinden und die Lahmen herbei.
Bald darauf meldete der Diener: Herr, Dein Auftrag ist ausge-

Tut dies zu meinem Gedächtnis

führt; aber es ist immer noch Platz.
Da sagte der Herr zu seinem Diener: dann geh auf die Landstraßen und vor die Stadt hinaus und nötige die Leute zu kommen, damit mein Haus voll wird.
Das aber sage ich Euch: **Keiner von denen, die eingeladen waren,** (und nicht kamen) **wird an meinem Mahl teilnehmen.**

Denken wir dabei einmal an die Situation in unseren Kirchen am Sonntag und anderen gebotenen Feiertagen. Wo sind die geladenen Gäste?

Wenn Ihnen einer sagt. Ich schaue mir die Messe im Fernsehen an, das ist genauso, dann können sie ihm auch antworten: Wunderbar, wenn Sie einem Fernsehkoch bei einem herrlichen Menü zusehen, sind Sie dann auch satt und brauchen nichts mehr zum Essen?

Wir müssen bedenken, wenn es uns irgendwie möglich ist, dann gehen wir mindestens am Sonntag und den gebotenen Feiertagen zur Heiligen Messe, wie es die Kirche vorschreibt und Gott uns im Sabbatgebot gelehrt hat. Wer durch Krankheit oder anderen schwerwiegenden Gründen nicht teilnehmen kann, für den ist die Heilige Messe im Fernsehen oder Radio ein Ersatz, der auch unter diesen Umständen gültig ist. Gott wird den guten Willen, dabei zu sein und die Begierde nach der geistigen Kommunion mit Christus, sicher belohnen.

Das Kirchenjahr

Genauso wie unser weltliches Leben in den Jahresablauf eingebettet ist, so ist auch das kirchliche Leben in einen zeitlichen Jahreskreislauf eingeteilt. Wir feiern im Laufe des Jahres unseren Geburtstag, Namenstag, Hochzeitstag usw.

Im Kirchenjahr wird das Leben und Wirken von Jesus, so wie die ganze Heilsgeschichte auch, auf das Jahr verteilt. Das zentrale Ereignis und damit das wichtigste Datum im Kirchenjahr ist das österliche Tridium vom Tod und der Auferstehung des Herrn.
Die Kirche feiert dieses Fest mit dem

• Gründonnerstag:
  Abendmahl und Einsetzung der Eucharistie.

• Karfreitag:
  Feier des Erlösungstodes Christi am Kreuz für uns.

• Ostern:
  Auferstehung des Herrn
  und seinen Sieg über den Tod für uns.

Das Osterfest
ist aus dem alttestamentlichen Passahfest der Juden, an dem Christus beim letzten Abendmahl das eucharistische Opfer des Neuen Bundes eingesetzt hat, entstanden.
Ein festes Datum für das Osterfest gibt es in unserem Kalender, der sich nach der Sonne richtet, nicht. Es wird immer am Sonntag nach dem ersten Frühlingsvollmond begangen, weil die Juden damals einen Kalender hatten, der sich nach dem Lauf des Mondes richtete.
Von Ostern aus werden die anderen Kirchenfeste eingeordnet. Mit Ostern verbindet man die zeitliche Abfolge der Feste wie Christi Himmelfahrt (40 Tage nach Ostern), Pfingsten (10 Tage später) das Fest der Sendung des Heiligen Geistes.

Ostern geht eine Zeit der Vorbereitung (Fastenzeit), die mit dem Aschermittwoch beginnt, voraus.

Das sind 6 Wochen vor Ostern, bzw. 40 Tage, wie sich auch Jesus 40 Tage in der Wüste vorbereitete.

Der Osterfestkreis umfaßt damit die 40 Tage der Vorbereitung (Besinnung und Buße, es wird auch kein Halleluja angestimmt) und die 50 Tage der Auferstehungsfreude, die gekennzeichnet ist durch das jubelnde „Halleluja".

In jeder Heiligen Messe feiern wir Ostern, ganz besonders an den Sonntagen, den Tag der Auferstehung, der den jüdischen Sabbat ablöste.

Zum Osterfest kommt noch ein zweites Hochfest im Kirchenjahr, das bestimmend ist, hinzu,

das Weihnachtsfest am 25. Dezember.

Der Weihnachtsfestkreis dauert bis zum Fest der Taufe des Herrn am Sonntag nach Dreikönig.

Auch auf Weihnachten gibt es eine Zeit der Vorbereitung von vier Wochen, den Advent. Diese Zeit ist geprägt von der ungeduldigen Erwartung auf den Erlöser, wie ihn uns die Propheten verheißen haben.

Das Kirchenjahr beginnt mit dem ersten Adventssonntag.

Die Zeit zwischen den beiden großen Festkreisen wird eingeteilt in die Sonntage im Jahreskreis. Sie umfaßt 33 oder 34 Wochen, beginnend mit dem Sonntag nach Dreikönig und endet am Samstag vor dem ersten Advent.

Entsprechend dem Lebenslauf von Jesus und seiner Verehrung werden verschiedene Herrenfeste gefeiert. Wie zum Beispiel: Verkündigung des Herrn (25.3.), Fronleichnam (zweiter Donnerstag nach Pfingsten), Herz Jesu (dritter Freitag nach Pfingsten) und Christkönig (letzter Sonntag im Jahreskreis).

Hinzu kommen die ganzen Marienfeste. Maria hat eine besondere Beachtung im Kirchenjahr. Sie findet eine gewisse Verehrung in einigen Festen. Wie zum Beispiel: Herz Mariä, Maria Geburt, Maria Himmelfahrt usw.

Die Heiligen werden an Ihrem Todestag, der ja gleichzeitig ihr Geburtstag im Himmel ist, gefeiert. Sie führen uns durch Ihr Beispiel zu Gott und halten für uns Fürsprache bei Gott.

Im Laufe des Kirchenjahres wird uns das Leben Jesu, seine Heilstaten und sein Erlösungswerk von der Kirche näher gebracht und wir dürfen daran teilhaben. Um alle wichtigen Abschnitte und Ereignisse der Hl. Schrift richtig erfassen zu können, würde das ganze Kirchenjahr nicht ausreichen, deshalb teilt die Kirche das Heilige Wort, das wir in den Lesungen und Evangelien vermittelt bekommen, in einem Dreijahreszyklus für die Sonntage ein, so haben wir das:
• Matthäus - Jahr
• Lukas - Jahr
• Markus - Jahr
das Johannes Evangelium wird jedes Jahr in dem Weihnachts und Osterkreis gelesen.

Meßstipendien

und Aufopfern von Heiligen Messen

„Wenn die Münze in der Kasse klingt, die Seele in den Himmel springt" (Ketzerisches Schimpfwort aus der Lutherzeit über die käuflichen Ablaßbriefe, Meßstipendien usw.)

Die Heilige Messe ist das Kreuzesopfer Jesu Christi und damit keinesfalls käuflich! Wer also ein Meßstipendium gibt und in eine Heilige Messe ein bestimmtes Anliegen ganz besonders Gott vortragen lassen möchte, bezahlt natürlich nicht für die Gnaden, die den Menschen zugute kommen, sondern bringt ein kleines Opfer, das einem guten Zweck zugeführt wird. Wir können den Wert einer Heiligen Messe mit keiner noch so großen Summe und mit keinem Geld der Welt bezahlen. Aus diesem kleinen symbolischen Opfer, das von uns gebracht wird, kann und wird Gott viel Gutes machen. Der Volksmund sagt mit Recht: „Gott läßt sich nicht lumpen".

Wie ist der Brauch der Meßstipendien entstanden?

Von Anfang an haben die Christen versucht, sich auch in das Opfer der Heiligen Messe einzubringen und selbst mit einer sichtbaren Opfergabe beizutragen.

Das Meßstipendium ist ein kleiner Geldbetrag, der wie ein Almosen an den zelebrierenden Priester gegeben wird. Dieser verpflichtet sich dann, das Messopfer im Sinne und nach Meinung des Spenders darzubringen – Fürbitte bei Gott zu halten.

Die Kollekte, das heißt die Sammlung während der Opferung, ist ebenfalls eine sichtbare Opfergabe von uns, die einem guten Zweck zugeführt wird oder dem Unterhalt des Gotteshauses dient.

Noch heute leben in vielen Ländern die Priester nur von den Opfergaben und Meßstipendien. Schon der hl. Paulus sagt: „Wisst Ihr nicht, daß die im Heiligtum Tätigen vom Heiligtum auch essen und daß die dem Altare Dienenden vom Altar ihren Anteil empfangen?" (1.Kor 9,13)

Wenn wir das Heilige Messopfer in einem bestimmten Anliegen

oder für bestimmte Gläubige darbringen lassen, drücken wir damit unseren Glauben an den Wert der Heiligen Messe als eine wirksame Bitte (durch das Opfer Jesu) an den Vater im Himmel aus.

Der Volksmund sagt: „Was nix kostet, ist auch nichts wert!" Oft erhalten wir schnelle Hilfe auch in schweren Anliegen, wenn wir auch außerhalb der Sonntagsmesse noch an Hl. Messen teilnehmen und diese für ein bestimmtes Anliegen aufopfern.

Außerdem heißt es:

Durch jede Heilige Messe milderst Du Dein eigenes Fegefeuer mehr als durch ein anderes Bußwerk. Auch kann man durch Aufopfern von Heiligen Messen (Besuch / Meßstipendien) den Armen Seelen viel Leid im Fegefeuer ersparen, beziehungsweise erwirken, daß sie eher erlöst werden. Sie sind uns sehr dankbar und erweisen uns schon hier auf Erden ihre Hilfe. Ganz sicher werden Sie uns auch am Richterstuhl Gottes hilfreich sein. Es gibt viele Beschreibungen von Erscheinungen der Armen Seelen bei Mystikern, die um Gebet und Aufopferung von Heiligen Messen bitten durften. Viele Zeugnisse von großen Heiligen beschreiben ihre Schauungen von der Gnadenwirkung der Heiligen Messe für die Armen Seelen, wie diese dann in das Himmelreich eingehen durften.

Jesus sagte einst zu der hl. Gertrud: So oft sie helfe, eine Seele aus dem Fegefeuer zu erlösen, sei dies dem Herrn so angenehm, als wenn sie Ihn selbst aus einem Kerker befreien helfe. Und es werde ihr der gebührende Lohn für diese Wohltat gemäß seiner allmächtigen Güte zur erwünschten Zeit nicht ausbleiben.

Auch der Muttergottes machen wir damit eine große Freude, wenn wir Hl. Messen für Arme Seelen, zur Bekehrung von Menschen und zur Rettung sterbender Todsünder aufopfern.

Wir können nur bezeugen, daß eine große Hilfe von der Hl. Messe ausgeht. Immer wieder rufen uns Menschen an oder schreiben uns, daß sie große Hilfe durch das Aufopfern von Heiligen Messen erfahren haben. Oft überrascht uns der liebe Gott, indem wir viel mehr bekommen, als wir in unseren Anliegen erbitten.

Die Heilige Messe hilft den Armen Seelen

Die Heilige Messe ist das größte und mächtigste Gebet (Fürbittgebet) für die armen Seelen im Fegefeuer. Beten wir für sie und feiern wir Heilige Messen für sie, daß Gott sie befreit. Der geopferte Jesus ist das wahre „Sühnopfer für unsere Sünden" (1 Joh 2,2), und sein göttliches Blut wird zur „Vergebung der Sünden" vergossen (Mt 26,28). Nichts kommt der Heiligen Messe an Wert gleich, und die Heilswirkung dieses Opfers kann sich auf eine unbegrenzte Menschenmenge auswirken.

„Das Heilige Messopfer", sagte der hl. Don Bosco „hilft den Armen Seelen, ja es ist das wirksamste Mittel, um ihnen Erleichterung in ihrer Qual zu verschaffen, die Zeit ihres Exils abzukürzen und ihnen eher ins Reich der Seligen zu verhelfen."

Dem hl. Pater Pio - so erzählt man - seien viele Arme Seelen erschienen, die um seine Fürbitte bei der Heiligen Messe baten, um aus dem Fegfeuer befreit zu werden.

Einmal feierte er die Heilige Messe für den verstorbenen Vater eines Mitbruders. Am Ende des Messopfers sagte P. Pio zum Mitbruder: „Heute ist die Seele Deines Vaters in den Himmel eingegangen."
Der Bruder war darüber glücklich, aber trotzdem bemerkte er: „Aber Pater, mein guter Vater ist vor 32 Jahren gestorben." - „Mein Sohn, vor Gott muß man alles bezahlen!" antwortete P. Pio. - Die Heilige Messe bietet uns einen Preis von unendlichem Wert: Den Leib und das Blut Jesu, „des geopferten Lammes" (Apg 5,12).

In einer Predigt brachte der hl. Pfarrer von Ars einmal das Beispiel eines Priesters, der die Heilige Messe für einen verstorbenen Freund feierte und nach der Wandlung so betete: „Heiliger, ewiger Vater, machen wir einen Tausch. Dir gehört die Seele meines Freundes im Fegfeuer; ich habe den Leib Deines Sohnes in meinen Händen. Befreie meinen Freund, und ich opfere Dir Deinen Sohn mit allen Verdiensten seines Leidens und Sterbens auf."

Vergessen wir nicht: Jede Art von Fürbitten ist gut und empfehlenswert, aber lassen wir für unsere lieben Verstorbenen vor allem Heilige Messen feiern (etwa die 30 gregorianischen Messen).

Im Leben des seligen Heinrich Suso lesen wir, daß er als junger Frater mit einem Mitbruder folgenden Pakt geschlossen hatte: „Wer von uns beiden den anderen überlebt, beschleunigt den Heimgang in die Seligkeit des anderen, indem er jede Woche für ihn eine Heilige Messe zelebriert." - Der Mitbruder starb zuerst im Missionsland. Der Selige erinnerte sich nur für einige Zeit an das Versprechen, dann ersetzte er die wöchentliche Messe durch andere Gebete und Bußwerke, weil seine Messintentionen schon belegt waren. Da erschien ihm der Freund und tadelte ihn sehr traurig: „Deine Gebete und Bußwerke genügen mir nicht, ich habe das Blut Christi nötig."
- Wir bezahlen mit dem Blut Christi die Schulden unserer Sünden (Kol 1,14).

Als die Mitbrüder den hl. Johannes von Avila am Sterbebett fragten, was er sich nach dem Sterben am meisten wünschte, antwortete er sofort: „Messen... Messen... nichts als Messen!"

Auch der große hl. Hieronymus schrieb, „durch jede andächtig zelebrierte Heilige Messe verlassen viele Arme Seelen das Fegfeuer, um in den Himmel einzugehen."

Das gleiche kann man von andächtig mitgefeierten Heiligen Messen sagen. Die hl. Maria Magdalena von Pazzi, eine berühmte Mystikerin des Karmels, hatte die Gewohnheit, das Blut Christi für die Armen Seelen aufzuopfern. In einer Ekstase zeigte ihr Jesus, daß durch die Aufopferung des göttlichen Blutes wirklich viele Arme Seelen befreit wurden.

Auch die hl. Bernadette war für die Armen Seelen von Mitleid erfüllt und sagte oft zu den Mitschwestern: „Ich habe die Heilige Messe für die Armen Seelen aufgeopfert; nur das kostbare Blut Jesu kann sie befreien, wenn es über sie fließt."
Es kann nicht anders sein, denn wie der hl. Thomas von Aquin lehrt, kann ein einziger Tropfen von Blut Christi durch seinen unendlichen Wert das ganze Universum von jeder Schuld befreien. (P. Stefano M. Manelli).

Auf die Frage: „Welche Gnaden empfangen wir in der Heiligen Messe?" - antwortete P. Pio: „Man kann sie nicht aufzählen. Im Himmel werdet Ihr sie erkennen. Werde Dir Deines Glaubens während der Heiligen Messe ganz besonders bewußt und betrachte, welch ein Opferlamm sich deinetwegen der göttlichen Gerechtigkeit anbietet, um sie zu besänftigen. Verlasse nie den Altar, ohne Tränen der Reue und der Liebe vergossen zu haben, dem gekreuzigten Heiland zuliebe, um Dein ewiges Heil zu erwirken. Die Schmerzensmutter wird bei Dir sein und Dich liebevoll erleuchten.

2. Werdet Zeugen der Liebe Gottes

Pfr. Klaus Müller ✞
Die Eucharistie verändert unser Leben, die Liebe Gottes kommt in unser Herz.

Ein neues Gebot gebe ich Euch: Liebt einander! Wie ich Euch geliebt habe, so sollt auch Ihr einander lieben.
Daran werden alle erkennen, daß Ihr meine Jünger seid: wenn Ihr einander liebt. (Joh 13,34-35)

Und als er mit ihnen bei Tisch war, nahm er das Brot, sprach den Lobpreis, brach das Brot und gab es ihnen.
Da gingen ihnen die Augen auf, und sie erkannten ihn; dann sahen sie ihn nicht mehr.
Und sie sagten zueinander: Brannte uns nicht das Herz in der Brust, als er unterwegs mit uns redete und uns den Sinn der Schrift erschloß?
....
Da erzählten auch sie, was sie unterwegs erlebten und wie sie ihn erkannt hatten, als er das Brot brach. (Lk 24,30-35)

Eucharistie, Opferung u. Hl. Wandlung

Predigt am 19.02.1995 von Pfr. Klaus Müller ☩
Niedergeschrieben von Peter Koros.
Der Text der freien Rede wurde nicht verändert.

„Im Namen des Vaters und des Sohnes und des Hl Geistes."
Amen
Liebe Schwestern und Brüder im Herrn.
In der Zeit des hl. Franziskus war Italien sehr zerstritten. Von Süden her zogen die Sarazenen - Nordafrikanische Mohammedaner - durch das Land und überall, wo sie hinkamen, verbreiteten sie Schrecken.
Sie raubten, sie plünderten und sie mordeten.
Vor den Toren von Assisi hatten Schwestern ein kleines Kloster eingerichtet. Es war schutzlos außerhalb der Mauern von Assisi zwischen Olivenhainen und Weinbergen. Das Kloster war sehr arm. Die Schwestern schliefen auf dem blanken Fußboden und sie fasteten sehr lange.
Man warnte die Schwestern vor den Sarazenen. Aber die Schwestern hatten keine Angst. Wenn sie abends schlafen gingen, dann nahmen sie das Allerheiligste mit in ihren Schlafraum und das machte sie ruhig.
Eines Nachts hörten die Klarissinnen Lärm, Waffen klirrten, Laternen blitzten auf und sie hörten, wie die Leitern an die Klostermauer gestellt wurden. Die Schwestern blieben ruhig, sie knieten sich nieder und beteten. Die Oberin dieser Schwestern, die hl. Klara, ging nach draußen und sah die Gefahr. Eine große Schar von Sarazenen versuchte, das Kloster zu stürmen.
Da ging sie zurück, nahm aus der Wandnische die Monstranz mit dem Allerheiligsten. Sie faßte die Monstranz mit beiden Händen und brachte sie hinaus auf die Brüstung der Klostermauer und hob dann das Allerheiligste empor und dabei betete sie: „Oh Gott, der Du unser Schirmherr bist, sieh an den Feind und seine List. Nimm uns, oh Herr in Deine Obhut, die Du erkaufst mit Deinem Blut."

Plötzlich fiel Mondlicht auf die hl. Klara, wie sie so mit der Monstranz dastand.

Die Sarazenen sahen das und waren zu Tode erschrocken. Die ersten, die schon auf den Leitern waren, stürzten herunter und alle bekamen es mit Angst und Panik zu tun und rannten fort.

So wurde das Kloster dieser Schwestern und auch die Stadt Assisi vor den Sarazenen errettet.

Wird an dieser Begebenheit nicht sehr schön deutlich, welche Kraft von der Eucharistie ausgeht? Jesus ist immer gegenwärtig im Allerheiligsten Sakrament.

Wer mit Ihm verbunden ist, der braucht nichts zu fürchten.

Wo Jesus gegenwärtig ist, da muß die Macht des Bösen zurückweichen.

Das haben die hl. Klara und ihre Schwestern erfahren.

Auch heute ist Jesus in jeder Heiligen Messe sakramental gegenwärtig, und wir können ihm wirklich leibhaft begegnen. Aber wer von uns weiß die Heilige Messe wirklich richtig zu schätzen?

Wie viele Menschen haben keine tiefe innere Beziehung zur Eucharistie und dann richtet sich alles nach Lust und Laune. Wieviele Leute in unserem Land gehen nur dann mal zur Heiligen Messe, wenn sie Lust oder Laune haben und wenn sie keine Lust haben, wenn sie ausschlafen wollen, dann bleiben sie eben liegen. Das zeigt, daß sie nicht wissen, welch großer Schatz die Heilige Messe für unser Leben ist.

Müssen wir uns nicht heute wieder neu auf dieses große Sakrament besinnen? Die Heilige Messe ist für uns Christen das Höchste was es überhaupt gibt, und sie ist die große Kraftquelle, aus der ‚wir schöpfen können für unser Leben. Wer diesen Quell entdeckt, der wird irgendwann eines Tages merken, daß in ihm selbst auf einmal eine Kraft ist, die er sich nie zugetraut hat. Er spürt auf einmal eine Kraft, daß Dinge gelingen, die vorher einfach nicht gingen.

Wer die Heilige Messe richtig mitfeiert, der begreift, die Heilige Messe hat etwas mit meinem Leben zu tun. Sie hilft mir, daß mein Leben wirklich gelingt.

Vor einiger Zeit hatten wir einmal in einer Predigt nachgedacht über die Wirkungen der Heiligen Kommunion. Heute möchten wir uns dem Hauptteil der Heiligen Messe zuwenden, und zunächst erst einmal auf die Opferung schauen.

Im Normalfall, wenn mehr Platz in der Kirche ist, dann werden auch die Gaben zum Altar gebracht. Die Messdiener bringen die Opfergaben zum Altar. Brot und Wein werden gebracht und sie werden aufgeopfert.
Aber die Opferung mitfeiern, heißt begreifen, daß damit eine echte Lebenshingabe an Gott verbunden ist.
Brot und Wein und auch die Kollekte sollen zeigen, wir geben uns ganz an den Herrn hin.

Richtig feiern wir die Heilige Messe dann mit, wenn wir selbst auch zur Opfergabe werden, uns selbst als Opfer dem Herrn hingeben und das ist das, was wir einfach begreifen müssen. So ist es wichtig, daß wir letztlich uns selbst aufopfern, daß wir uns gleich dann selbst auf die Kommunionschale, die Patene mit hinlegen und dann können wir auch alles, was unser Leben betrifft, mit auf die Kommunionschale tun.
Auch alles Leid, alle Bitterkeit, die Sorgen und Nöte des Alltages, die Ängste in unserem Leben, alle Verzweiflung, wir wollen das alles aufopfern, auch unsere Arbeit, alle Müßigkeit im Alltag, alle Verdemütigungen durch andere Menschen, auch unsere Sünden und unser Versagen können wir auf die Hostienschale tun und natürlich alle Krankheiten, die uns belasten und bedrücken.

Wenn uns andere Menschen Sorgen machen, dann wollen wir diese auch symbolisch mit auf die Hostienschale oder Patene legen, denn wir wissen, das was auf der Hostienschale liegt, das wird dann auch in der Eucharistiefeier gewandelt.

Der Priester hebt die Opfergaben von Brot und Wein empor, als ein Zeichen dafür, daß wir uns selbst nun Gott mit freudigem Herzen darbringen.

Das Brot soll für uns zum Brot des Lebens werden und der Kelch soll für uns zum Kelch des Heiles werden. So betet es der Priester in der Eucharistiefeier.

Dann folgt die Händewaschung. Sie ist der letzte Teil des Bußaktes der Eucharistiefeier und damit treten wir ein in das Allerheiligste der Heiligen Messe.

Der Priester betet bei der Händewaschung: „Herr wasche ab meine Schuld, von meinen Sünden mache mich rein."

Ja, darum geht es letztlich, daß wir diesen Höhepunkt der Eucharistiefeier begehen mit einem hochzeitlichen Gewand, mit reinem Herzen.

Nach der Gabenbereitung, dem Gabengebet, kommt dann die Präfation. Die Präfation (Einleitungsgebet) führt dann hin zum eigentlichen Höhepunkt der Heiligen Messe und da betet der Priester unter anderem: „Erhebet die Herzen" und die Gemeinde antwortet: „Wir haben sie beim Herrn".

Aber müssen wir uns da nicht fragen, stimmt denn das wirklich?

Haben wir wirklich unsere Herzen beim Herrn oder ganz anderswo? Ja, es ist wirklich wichtig, daß das Herz von da an ganz beim Herrn ist, denn dann ist es offen für Gott. Dann kann Gott in unser Herz eintreten, dann kann er unser Herz wandeln. Dann kann er unser Herz mit seiner Liebe erfüllen.

Ja, darauf kommt es an, daß wir das begreifen. Dann sagt der Priester: „Lasset uns danken dem Herrn, unserem Gott" und das Volk stimmt zu: „Das ist würdig und recht".

Die Eucharistiefeier ist ja immer eine große Danksagung. Aber wissen wir es auch im Herzen, daß Gott der Dank gebührt?

Wie viel haben wir, wofür wir danken können?.

Wir können danken, für die Menschen, die uns nahe stehen, für das Haus oder die Wohnung, die wir haben. Wir dürfen danksagen für gute Freunde. Wir dürfen danksagen für die Gesundheit. Erst, wenn man krank wird, dann merkt man, was für ein Gut man verloren hat. Es gibt wahrlich viele Gründe, wofür wir danksagen müssen. Die vielen Geschenke, die von anderen Menschen sind und vieles andere mehr. Wir sollten uns wirklich mal Zeit nehmen und überlegen, für was wir alles danksagen können.

Dankbar sein das heißt: Alles verdanken wir Gott. Er ist für uns der Geber aller guten Gaben. Ja, wenn diese Dankbarkeit im Herzen ist, zu Gott hin, dann können wir Gott ganz anders, viel tiefer und inniger begegnen.

Nach der Präfation kommt das Hochgebet und dann wird etwas ganz Entscheidendes deutlich. Christus selbst bringt sich als Opfergabe dem Vater für uns dar, er selbst ist die Opfergabe.
Aber er ist auch der
Opferpriester.
Er wird dargestellt
durch den Priester,
der am Altar diesen Dienst tut.
Der Priester hat diese Vollmacht für die Konsekration (Wandlung) durch das Sakrament der Priesterweihe.

Er handelt in der Person Christi.

Am Beginn des Hochgebetes ruft der Priester durch die erste Epiklese (Anrufungsgebet) den Heiligen Geist auf die Gaben herab, in dem er die Hände über die Gaben ausbreitet und betet. Der Heilige Geist ist es nämlich, der die Gaben von Brot und Wein wandelt in den Leib und das Blut Christi. Der Priester spricht dann die Worte, die Jesus im Abendmalsaal gesprochen hat und dann sagt er auch:

„Das ist mein Leib ..... das ist mein Blut ....“
und die Heilige Hostie und der Kelch,
sie werden emporgehoben.

Denken wir noch einmal zurück an die hl. Klara, wie wichtig das war, daß eine Kraft von der Eucharistie ausgegangen ist.

Und gerade dieser Augenblick in der Heiligen Messe ist ein wichtiger Moment und darum wird auch geklingelt, daß wir wieder innehalten, daß wir erinnert werden, jetzt muß ich ganz dabei sein, jetzt muß ich wirklich aufpassen, und dann dürfen wir auch sicher sein, bei dem Emporheben der Gestalten von Brot und Wein, des Leibes und Blutes Christi, schaut Jesus mit einer ganz großen Liebe auf mich.

Er schaut auf mich, er hat mich wirklich gern, so wie ich bin, mit meiner ganzen Armseligkeit, mit meiner ganzen Begrenztheit, jetzt schenkt er mir seine Liebe.
Das ist das, was für uns wichtig ist.

Ja, warum gehen wir denn zur Heiligen Messe?
Wir gehen doch zur Heiligen Messe, um uns von Gott lieben zu lassen. Damit wir dann im Alltag die Liebe weiterschenken können. Wir können nur das geben, was wir haben und hier ist der Punkt, wo wir die Liebe Jesu empfangen.

Da wollen wir ganz bewußt auf die Heilige Hostie,
auf den Kelch schauen
und wissen: Jesus ist jetzt leibhaft hier gegenwärtig.

Dann wollen auch wir auf diese Liebe die Antwort geben, in dem wir den Herrn anbeten, in dem wir ihm auch sagen, daß wir ihn lieben.
Ja, das ist eben eines der großen Geheimnisse unseres Glaubens, daß Christus unter den Gestalten von Brot und Wein leibhaft gegenwärtig ist.

Eines ist uns klar, dieses Geheimnis ist dem Verstand nicht zugänglich. Nur in Demut und in Ehrfurcht, in Anbetung und mit liebenden Herzen können wir uns diesem Geheimnis immer mehr nähern. Das ist das, was wir wirklich auch begreifen müssen. Gerade bei der Heiligen Wandlung wird deutlich, daß der Herr uns seine Liebe in reichem Maße schenkt.

Da werden dann nicht nur Brot und Wein gewandelt, sondern auch all das, was wir auf die Hostienschale gelegt haben. Ja, wir selbst werden ein Stück verändert.

Wenn wir die Heilige Messe wirklich mitfeiern, gehen wir nicht mehr so aus der Kirche, wie wir herein gekommen sind. Wir sind ein Stück gewandelt, wir sind Gott ein Stück näher gekommen und das ist das Schöne an der Heiligen Messe. Die Heilige Messe hinterläßt tiefe Spuren in uns.

Nach der Heiligen Wandlung ruft der Priester noch einmal in einer zweiten Epiklese (Anrufungsgebet) den Heiligen Geist herab, aber diesmal nicht mehr auf die Gaben von Brot und Wein, sondern er ruft den Heiligen Geist herab auf die versammelte Gemeinde, damit dann beim Empfang der Heiligen Kommunion wir verwandelt werden, in diesen Christus. Wir sollen ein Leib und ein Geist werden in Christus, so betet es der Priester im Hochgebet.

Dann am Ende des Hochgebetes nimmt der Priester die Heilige Hostie und den Kelch und hebt sie empor. Er zeigt damit auf den Vater im Himmel.

Gerade dann ist der Vater ein zweiter Höhepunkt in der Heiligen Messe und dann betet der Priester: „Durch Ihn und mit Ihm und in Ihm ist Dir, Gott, allmächtiger Vater, in der Einheit des Heiligen Geistes alle Herrlichkeit und Ehre jetzt und in Ewigkeit."

Ja, das ist ein wichtiger Augenblick, da soll etwas zum Ausdruck kommen, was für uns wichtig ist. Der Priester hebt die Hostienschale und den Kelch empor, denn er weiß, da ist Christus leibhaft gegenwärtig und dann soll das bedeuten, daß der Vater im Himmel jetzt in Liebe auf seinen Sohn, der hier gegenwärtig ist, schaut.

Dann kommt eben die Bitte: Vater im Himmel, schau nicht nur auf Deinen Sohn, sondern schaue auch auf die Menschen, die jetzt hier versammelt sind und schenke auch ihnen allen Deine väterliche Liebe.

Dann werden wir wieder reich beschenkt. Darum ist auch wichtig, daß wir unser Herz ganz offen haben, dann kann Gott uns auch wirklich viel schenken.

Ja, wenn wir mal über die Heilige Messe nachdenken, dann wissen wir, daß sie wirklich ein ganz großer Schatz der Gnade für unser Leben ist.

Wer einmal begriffen hat, was die Heilige Messe für unser Leben bedeutet, der wird nie wieder aus Faulheit und Bequemlichkeit eine Heilige Messe schwänzen, der wird erfahren und begreifen, da muß ich sein.

Das ist das Wichtigste, was es in der Welt überhaupt gibt. Da begegnen wir dem lebendigen Gott. Dem Gott, der unser Leben immer mehr wandelt.

Jede Eucharistiefeier ist auch ein Stück himmlische Liturgie. Vieles ist unseren Augen verborgen. Wenn Christus gegenwärtig ist, dann sind auch die Engel da. Die Engel des Lobpreises, die Engel der Anbetung. Sie geben auch dem Herrn die Ehre, die ihm gebührt. Mit tiefer Ehrfurcht begegnen sie Christus.

Das ist auch ein Zeichen dafür, was wir tun müssen, nämlich dem Herrn mit großer Ehrfurcht, mit großer Liebe begegnen.

In jeder Heiligen Eucharistiefeier wird etwas deutlich von dem, was uns einmal nach unserem Tod im Himmel erwartet. Dann erleben wir in der ganzen Fülle diese himmlische Liturgie.

Ein kleines Stück davon dürfen wir schon hier auf dieser Erde erfahren, wenn wir Christus, dem Herrn, begegnen, denn das verändert unser Leben. Dann können wir, weil wir dem Herrn begegnen, auch erfahren, daß wir von seiner Liebe beschenkt werden, daß er, unser Friede, in unserem Herzen wohnt und dann gehen wir getröstet und gestärkt wieder nach Hause. Ja, dann können wir ein Stück Himmel aus der Kirche mit nach Hause nehmen, zu denen, die uns nahe stehen. Dann können auch wir etwas von der Liebe Gottes erfahren.

Gerade die Eucharistiefeier ist die Tankstelle, wo wir die Liebe Gottes tanken können und dann können wir diese Liebe Gottes auch weitergeben.

Denken wir nur an die Apostelgeschichte, wo es von den Christen heißt: „Sehet, wie sie einander lieben". Warum konnten sie einander so lieben? Weil sie zur Eucharistie gegangen sind. Weil sie Eucharistie gefeiert haben und von der Liebe Gottes durchdrungen waren und dann konnten sie das, was sie besaßen, auch weitergeben.

Warum geht es heute so lieblos in der Welt zu?

Das sind alles Leute, die diese Heilige Eucharistie nicht kennen, gar nicht auftanken. Wer kaputt in seinem Inneren ist, wer selbst verletzt ist, der verletzt auch andere, der macht auch andere kaputt.

Aber wir Christen haben heute eine Sendung, nämlich die Liebe Gottes wieder in die Welt hineinzubringen. Früher hieß es ja am Ende der Heiligen Messe: „Ite missa est", das heißt: „Gehet hin Ihr seid gesendet". Das ist unsere Sendung heute, in die Welt hinaus zu gehen, zu den Menschen zu gehen und ihnen wieder die Liebe Gottes zu bringen.

Haben wir Mut, sagen wir es auch den anderen: Gott liebt auch Dich. Gott liebt jeden Menschen. Er schließt niemanden aus seiner Liebe aus und gerade das kann unser Leben wirklich glücklich machen.

Wir brauchen diese Liebe. Genauso wie die Pflanzen die Sonne brauchen, so brauchen wir die Liebe Gottes. Diese Liebe schenken wir wieder weiter an den Nächsten und das ist das, was unser Leben wirklich schön macht, was unserem Leben wirklich Sinn gibt.

So wollen wir in Zukunft viel bewußter die Heilige Messe mitfeiern, denn letztlich sind wir Beschenkte, wenn wir Eucharistie feiern. Der Herr schenkt ganz reich seine Gnaden und auch dann wenn wir im Inneren vielleicht manchmal nichts spüren. Wir sollen uns nicht täuschen lassen, manchmal werden wir ganz tief von der Gnade Gottes angerührt, dann spüren wir, der Herr ist mitten unter uns.

Aber er ist genauso da, wenn wir nichts spüren. Aber die Begegnung mit dem Herrn, die hinterläßt in uns tiefe Spuren, verwandelt letztlich unser Leben und je mehr wir die Eucharistie mitfeiern, um so gradliniger führt unser Lebensweg in den Himmel hinein. Kommen wir wieder zur Eucharistie, begegnen wir wieder dem Herrn und holen wir uns wieder die Kraft, dann kann am Ende auch alles gut werden.
„Im Namen des Vaters und des Sohnes und des Hl Geistes."
Amen

Die Heilige Kommunion

Predigt am 28.09.1994 von Pfr. Klaus Müller ✝
Niedergeschrieben von Peter Koros.
Der Text der freien Rede wurde nicht verändert.

„Im Namen des Vaters und des Sohnes und des Hl Geistes."
Amen
Liebe Schwestern und Brüder im Herrn.
Peter, ein Bruder des hl. Niklaus von der Flüe, ging einmal nach Sankt Nikolausen hinauf, um dort an der Heiligen Messe teilzunehmen. Sein Freund Hans Bergmann begleitete ihn. Die Kapelle war voll von Bauern und Hirten mit ihren Frauen und Kindern. Während der Priester die Heilige Messe las, sah Peter auf einmal vor dem Altar einen blühenden Baum emporwachsen und dann kam ein sanfter Windstoß und die Blüten flogen herab auf die Menschen. Auf jeden der Köpfe fiel eine Blüte herab und dann sah er etwas Erstaunliches: Bei den einen Menschen, da blieben die Blüten ganz frisch, bei den andern verwelkten sie sofort. Er sah das und wußte nicht, was es zu bedeuten habe. Als er, dann mit seinem Freund auf dem Heimweg war, erzählte er ihm dieses Erlebnis. Der aber lachte nur und sagte: Du hast geträumt. Sie mußten über die Ranft (Standort der Klause vom hl. Niklaus) nach Hause gehen.
Niklaus von der Flüe stand schon da und wartete auf seinen Bruder und er fragte ihn sofort: Was hast Du heute während der Heiligen Messe erlebt? Da erzählte ihm Peter das Erlebnis.

Darauf sagte ihm dann Niklaus von der Flüe: Die Häupter, auf denen die Blüten nicht verblüht sind, die haben mit großer Andacht und Innigkeit die Heilige Messe mitgefeiert. Die anderen aber, bei den die Blüten auf dem Kopf verwelkt sind, das sind die Menschen, die zwar zur Heiligen Messe da waren, aber mit ihren Gedanken waren sie nicht in der Heiligen Messe, sondern sie waren draußen in der Welt. Die aber andächtig in der Heiligen Messe waren, haben ganz viele Gnaden mit nach Hause genommen, die anderen haben die Gnaden nicht mitnehmen können.

Ja, wir feiern immer wieder die Heilige Messe und da ist es wichtig, daß wir mit ganzem Herzen daran teilnehmen, daß wir ganz dabei sind und nicht nur körperlich anwesend sind. Es kann immer wieder vorkommen, daß wir auf andere Gedanken kommen, aber wir richten unsere Gedanken dann immer wieder auf das Geschehen in der Heiligen Messe aus. Wir versuchen dann immer wieder, die Heilige Messe andächtig mitzufeiern. Wenn aber die anderen Gedanken kommen und wir bleiben dabei, dann bringt uns das wenig Segen. Wir müssen uns dann sofort wieder auf das Geschehen in der Heiligen Messe konzentrieren.

Wenn wir die Heilige Messe von Anfang an richtig mitfeiern, dann wird auch die Heilige Kommunion für uns ein großes Geschenk. Über die Heilige Kommunion wollen wir heute mal etwas näher nachdenken.

Wenn wir die Heilige Messe auch ganz innig mitfeiern, hilft es uns, daß wir am Ende die Heilige Kommunion auch gut empfangen. Denn schon die Heilige Schrift (1.Kor 11,26-29) sagt: „Denn sooft Ihr dieses Brot eßt und aus dem Kelch trinkt, verkündet Ihr den Tod des Herrn, bis er kommt. Wer daher unwürdig dieses Brot ißt oder den Kelch des Herrn trinkt, der wird schuldig am Leibe und Blute des Herrn. Es prüfe ein jeder sich selbst, und so esse er von dem Brot und trinke aus dem Kelch. Denn, wer unwürdig ißt und trinkt, der ißt und trinkt sich das Gericht, da er den Leib des Herrn nicht unterscheidet".

Deshalb ist es ganz besonders wichtig, daß wir die Heilige Kommunion würdig empfangen. Daher sagt die Kirche ja auch, wer sich noch irgend einer Schuld bewußt ist, der kann die Heilige Kommunion nicht empfangen. Auch wenn es nur läßliche Sünden sind, diese Sünden müssen wir meiden und bereuen, dann können wir die Heilige Kommunion empfangen. Denn Gott liebt es, in reine Herzen einzuziehen.

Wenn wir nicht regelmäßig zur Heiligen Beichte gehen und trotzdem die Heilige Kommunion empfangen, dann muß unser Herr in ein Herz voller Schmutz und Unrat einziehen. Das sollten wir ihm nicht zumuten. Aber wir sollten auch nicht zu ängstlich sein, uns hüten vor einer zu großen Sündenangst.

Es ist immer wieder wichtig, daß wir zur Heiligen Kommunion kommen, denn dann werden wir erfahren, daß die Heilige Kommunion Nahrung und Heil für unsere Seele ist. Wenn jemand körperlich krank ist, dann sagt er ja auch nicht, ich bin zwar körperlich krank, aber ich brauche keinen Arzt. Wenn es uns in der Seele nicht gut geht, dann brauchen wir die Heilige Kommunion, damit die Seele wieder gesund wird.

Die einzelnen Abschnitte in der Heiligen Messe bereiten uns gut vor auf die Heilige Kommunion. Wenn wir uns mal den Aufbau der Heiligen Messe näher ansehen, dann haben wir am Anfang den Bußritus. Es ist immer gut zu überlegen, was war denn alles, was ist da in uns, was uns von Gott trennt. Oder vor der Heiligen Kommunion, da beten wir gemeinsam das Vaterunser, darin auch die Bitte um die Schuldvergebung. Vor der Heiligen Kommunion beten wir auch: „Oh Herr ich bin nicht würdig, daß Du eingehst unter mein Dach, aber sprich nur ein Wort, so wird meine Seele gesund". Das setzt natürlich auch voraus, daß die Seele bereit ist, den Herrn zu empfangen.

Wir müssen immer das unsere tun, dann tut auch Gott das seine dazu.

Dann können wir den Leib des Herrn auch ruhig empfangen, dann gibt uns Gott die Gnaden reichlich dazu.

Fragen wir uns einmal, welche Wirkung hat die Heilige Kommunion?

Das erste, was wir sagen können, ist die Vereinigung mit Jesus Christus. Denn Jesus sagt (Joh 6,56): „Wer mein Fleisch ißt und mein Blut trinkt, bleibt in mir und ich bleibe in ihm." Jesus sagt weiter: „So wird jeder, der mich ißt, durch mich leben". Ja, Jesus möchte in unser Herz hineinkommen und in uns leben. Er möchte unser Herz mit seiner Liebe erfüllen und von innen heraus heilen, verändern und mit seiner Liebe neu beschenken, so daß auch wir Frucht für andere werden können. Er will durch uns die Welt verändern.

Wenn wir wirklich den Empfang der Heiligen Kommunion ernst nehmen, dann werden wir erfahren, daß unser Herz immer wieder neu mit der Liebe Gottes erfüllt wird. Dann dringt auch diese Liebe von innen nach außen und wir können die Menschen, die um uns herum sind, wieder mehr lieben. Wir können dann immer mehr Menschen unsere Liebe schenken.

Wenn Menschen weit weg von Gott sind, werden auch sie durch uns von dem Kraftfeld der Liebe Gottes berührt, dann geschieht auch bei ihnen Wandlung und Heilung. Ja, es ist auch wichtig, daß Jesus in uns Wohnung nehmen kann. Schon der hl. Paulus sagte (Gal 2,20):

„Nicht mehr ich lebe, sondern Christus lebt in mir".

Wir brauchen leibliche Nahrung, damit unsere körperlichen Kräfte erhalten bleiben. Wenn wir aufhören zu essen und zu trinken, dann werden wir bald nicht mehr in der Lage sein, unseren Aufgaben im Alltag gewachsen zu sein. So wie die leibliche Nahrung brauchen wir auch die Heilige Kommunion als Nahrung für die Seele. Wenn die Seele Nahrung bekommt, dann sind wir fähig unsere Liebe zu schenken. Dann werden wir stark in der Liebe und können unsere Liebe verschenken. Wir bekommen auch die Kraft die Sünden zu vermeiden und die Kreuze im Alltag zu tragen.

Ich kenne einen Menschen, der ein schweres Kreuz zu tragen hat. Er sagte zu mir: „Ich versuche jeden Tag zur Heiligen Messe und zur Heiligen Kommunion zu gehen und hole mir dabei die Kraft, mein Kreuz zu tragen".

Ein Zweites, was wir bedenken sollten: Die Heilige Kommunion bildet die Einheit durch Christus in der Kirche.

Wenn wir ehrfürchtig den Leib des Herrn empfangen, verbindet es uns tiefer miteinander. Ich habe das zum ersten Mal so richtig bewußt erlebt, als wir in Lourdes waren. Da waren wir wie eine große Familie. Wie einer auf den anderen aufgepaßt hat und sich alle gegenseitig geholfen haben: Ja, die Heilige Messe und

die Heilige Kommunion lassen uns immer mehr zur Einheit mit Christus werden.
Aber wir müssen auch wachsam sein, weil diese Gemeinschaft immer wieder gestört wird. Da gibt es Streit, Neid, Haß und noch vieles andere. Da ist es wichtig, die Vergebung und Versöhnung zu suchen. Ganz besonders, wenn wir selbst schuldig geworden sind, sollten wir um Vergebung bitten. Wenn wir uns versöhnt haben, können wir auch Eucharistie feiern.

Wenn wir unser Leben wieder in Ordnung gebracht haben, das heißt, dafür gesorgt haben, daß unsere Beziehungen zu den Anderen wieder heil werden, dann können wir auch wieder Christus begegnen und werden dann merken, der Herr hat mich heute wieder verändert und mir seine Liebe neu geschenkt, damit auch ich diese Liebe weiterschenken kann.

Ein Weiteres gilt es zu betrachten. Die Heilige Kommunion läßt uns ein Stück der Ewigkeit näher kommen.
Mit jeder Heiligen Kommunion, in der wir Jesus andächtig empfangen, werden wir gestärkt auf dem Weg in die Unsterblichkeit, läßt uns Gott näher kommen. Denn jede Heilige Kommunion ist eine Vereinigung mit Gott. Daher sollten wir auch die Heilige Kommunion mit einer großen Dankbarkeit empfangen.

Ein weiterer Punkt. Die Heilige Kommunion ist eine Kraft, die uns heilen kann.
Da kommt Jesus zu uns, er ist der Arzt für unseren Leib und die Seele. Deshalb ist es wichtig, daß wir uns ganz auf Ihn ausrichten und dann können wir immer ganz persönlich mit ihm reden. Alles, was wir in unserem Herzen haben, können wir ihm anvertrauen, wenn wir Ihn in unserem Herzen tragen, werden unsere Anliegen auch seine Anliegen. Unsere Sorgen, unsere Nöte, Ängste, einfach alles. Aber wir können auch sagen: „Herr, in meiner Seele ist noch vieles unheil, heile Du dies alles" oder „Herr, ich bin krank, heile Du meinen Körper".

Aber in dieser Phase sollten wir auch immer einen Augenblick auf die Dankbarkeit achten und Jesus sagen: „Ich habe Dich von ganzem Herzen lieb, ich bete Dich an". Wir sollen dankbar sein, daß er uns wieder seine Liebe schenkt. Kommunion heißt ja auch Begegnung, das heißt, daß wir eine Gemeinschaft mit Jesus haben. Die Muttergottes kann uns auch eine Hilfe sein bei der Gemeinschaft mit Jesus. Wir können sie bitten: „Maria, gib Du mir Dein Herz, daß ich mit Deinem Herzen, Deinen Sohn lieben kann". Auch können wir unseren Schutzengel einspannen. Wir können ihm sagen: „Erinnere mich, daß ich im Laufe des Tages Jesus immer wieder Dank sagen kann, daß ich Ihn mit dankbarem Herzen lieben kann, daß ich Ihm meine Liebe auch schenken kann". Die Augenblicke nach der Heiligen Kommunion sind die wichtigsten für den Tag, für unser Leben. Danksagung und Anbetung müssen weitergehen.

Jesus möchte bei uns sein, er möchte in unseren Herzen wohnen, in einem lebendigen Tabernakel. Nehmen wir Jesus in uns auf, dann sind wir ein lebendiger Tabernakel für den Herrn, und wenn wir dann nach Hause gehen, dann sollten wir eine Monstranz sein. Eine Monstranz ist ein Gefäß zum Tragen und Zeigen von Jesus in der Heiligen Hostie. Wenn Jesus in unserem Herzen ist, dann müssen das die anderen spüren. Dann muß unser Leben strahlender sein, dann muß eine solche große Liebe von uns ausgehen.

Die Heilige Kommunion ist ja auch der Augenblick, wo uns Jesus näher ist, als wir uns selbst sein können. Wenn wir dies mit ganzem Herzen begreifen können, ändern wir auch unsere Beziehung zu Jesus. Sie wird viel persönlicher, viel tiefer, viel inniger, und dann können wir immer Jesus mit einer ganz großen Ehrfurcht und Liebe begegnen.

Eine Mutter Oberin bekam eines Tages einen riesengroßen Blumenstrauß, sie ging mit den Schwestern zusammen in die Kapelle und legte diesen Blumenstrauß vor dem Allerheiligsten nieder, bei Jesus im Allerheiligsten Altarssakrament. Sie blieben noch eine Stunde vor dem Allerheiligsten, und da zog die Liebe in die Herzen der Schwestern ein und die Schwestern gingen mit einer ganz anderen Freunde hinaus zu den Menschen, den Ärmsten der Armen, um ihnen die Liebe Gottes zu bringen.

Ich glaube, es ist auch für uns wichtig, in der heutigen Zeit, daß wir den großen Wert, den großen Schatz der Heiligen Messe entdecken und daß wir spüren, die Heilige Kommunion ist der große Kraft- und Gnadenquell für unser Leben.

Es ist auch wichtig, daß wenn wir die Möglichkeit haben, sollten wir zur Anbetung gehen. Da sollten wir dann beten: „Herr, hier bin ich, arbeite jetzt an mir, gib mir das, was ich brauche".
Unsere Herzen werden dann gewandelt. Wir können dann den Anderen mit viel mehr Liebe begegnen. Dann kann der andere spüren, daß er angenommen ist. Ich glaube, wenn wir aus diesem Kraftfeld schöpfen, dann kann Gott auch unsere Welt wandeln.
Es kann ganz schlimm für die Menschheit werden, wenn wir uns nicht wieder besinnen, wenn wir uns nicht bekehren. Wir Christen haben den Auftrag, Sauerteig zu sein. Wir sollen das Salz der Erde und der Menschen sein.

Es ist auch der Sinn unseres Glaubens, anderen Menschen viele Hilfen zu geben. Wenn wir ihnen das geben, wonach sie verlangen, bricht überall die Sehnsucht nach dem lebendigen Gott auf. Die Leute sehen sich wieder nach der Liebe Gottes und da sind wir alle gefragt. Nehmen wir diese Liebe in uns auf und bringen wir sie zu den Menschen.

Als ich vorhin gebetet habe, da kam ganz deutlich: Gott will uns heute ganz, ganz viel von seiner Liebe schenken.

Öffnen wir unsere Herzen und dann nehmen wir die Liebe Gottes mit nach Hause und teilen wir die Liebe Gottes an die Menschen aus, die uns begegnen. Schenken wir ihnen ein Lächeln, sagen wir ihnen ein gutes Wort, machen wir ihnen mal eine Freude oder helfen wir ihnen mal bei der Arbeit. Ich glaube Gott wird uns ganz deutlich zeigen, was wir tun können und dann werden wir erfahren, daß ein Stück mehr Sonne in diese Welt hineinkommt.

Wir feiern Eucharistie auch immer wieder hier zusammen und es ist schön, daß wir miteinander dem Herrn begegnen können. Der Herr, dem wir hier begegnen, der ist der, der unser Leben wandelt. Schritt für Schritt, immer mehr.

Es sind viele bekannte Gesichter da, die schon lange hierher kommen. Wenn sie mal zurückschauen, dann können sie sagen: Wir sind ein Stück anders geworden, wir sind nicht mehr die gleichen, die wir einmal waren. Darüber dürfen wir uns wirklich freuen und jeder, der diesen Weg wieder neu geht, der wird froh werden, denn die Freude gehört zum Christ sein dazu.

Wenn wir in die Bibel schauen, sehen wir, wie oft sind Menschen Jesus begegnet und sie sind mit frohem Herzen dann wieder gegangen. Darauf kommt es einfach an, daß wir dies immer wieder neu begreifen.

So wollen wir heute und immer wieder die Eucharistie feiern, mit ganzem Herzen dabei sein und dann uns gut vorbereiten auf die Heilige Kommunion, dann dürfen wir den Herrn mit nach Hause nehmen. Dann werden wir auch erfahren, daß sein Wort uns hilft: „Ich bin bei Euch alle Tage bis zum Ende der Welt." (Mt 28,20) „Im Namen des Vaters und des Sohnes und des Hl Geistes." Amen

3. Vertiefung, Beispiele und Zeugnisse

Pater Petar Ljubicic

Ein überzeugter Christ lebt aus der Eucharistie.

Die Heilige Messe - das Herz und die Seele unseres Glaubens

Die Eucharistie ist das größte Geschenk Gottes an die Menschheit.

Die Heilige Messe ist die hauptsächlichste Handlung der Gottes-verehrung, Höhepunkt und Mitte der christlichen Religion. (Pius XII. in seiner Enzyklika „Mediator Die")

„Die Feier der Heiligen Messe gilt so viel wie der Tod Christi am Kreuz." (Prälat Robert Mäder, Basel)

„Das Kostbarste der Schöpfung ist der Mensch. Der heiligste Mensch ist Jesus Christus. In der Heiligen Messe bringen wir Gott die reinste und herrlichste Gabe der Schöpfung dar: den Leib und das Blut des Gottmenschen. So wird die Heilige Messe in den Augen Gottes zum unendlich wertvollen Opfer. Wir können Gott keine größere Ehre und Anbetung, keinen innigeren Dank, kein wunderbareres Loblied darbringen als durch die Hl. Messe". (Dr. Heinrich Kunkel, Würzburg)

„Das Heilige Messopfer ist das immerwährende, unblutige Opfer des Neuen Bundes, in dem das Kreuzesopfer vergegenwärtigt wird". (Anton Schraner, Katholischer Katechismus)

„Den tiefsten Geheimnissen, die es auf der Welt gibt, werden wir gegenüberstehen,
- den Mysterien des Blutes, das loskauft,
- des Unschuldigen, der die Schuld des Schuldigen bezahlt,
- der Schwäche, die Kraft ist,
- des Lebens, das den Tod besiegen kann".
(Henri Daniel-Rops von der Academie Franqaise).

Die Eucharistie und Medjugorje

Die Eucharistie in den Botschaften von Medjugorje
„... nehmt mit Liebe die Heilige Messe an".

Im Medjugorje wird exemplarisch gelebt, wozu Papst Paul VI. in seinem Rundschreiben über die Lehre und den Kult der Eucharistie (Mysterium fidei 1965) im letzten Drittel des vergangenen Jahrhunderts eingeladen hat: „Die Gläubigen mögen sooft wie möglich, am besten täglich, aktiv am Heiligen Messopfer teilnehmen „.

Die Muttergottes rückt die Heilige Messe ins Zentrum unserer Aufmerksamkeit. Die Seher von Medjugorje betonen immer wieder, daß die Heilige Messe das wichtigste Gebet ist. Auf die Frage, was die Muttergottes ihr über Jesus sagte, antwortete die Seherin Marija in einem Interview: „Öfters sagt sie: Die Mitte von allem ist die Heilige Messe. Sie spornt uns an, zur Heiligen Messe zu gehen. Die Muttergottes wünscht, daß wir es wissen und begreifen, daß nicht sie, sondern daß Jesus Mittelpunkt ist."

Der Seher Ivan sagt öfter in seinen Vorträgen, daß die Muttergottes gesagt hat, wenn die Kinder wählen müßten, sie zu sehen oder zur Heiligen Messe zu gehen, sollten sie zur Heiligen Messe gehen. Da würden sie Jesus begegnen. Er würde sich ihnen lebendig hingeben.

Die Seher sprechen davon, daß die Muttergottes die Heilige Messe als das wichtigste Gebet bezeichnet. In ihr vollzieht sich das Werk der Erlösung.

Die Eucharistiefeier wird vom 2. Vatikanischen Konzil als Quelle und Höhepunkt des ganzen christlichen Lebens bezeichnet (Lumen Gentum 11) und Papst Johannes Paul II. nannte die Eucharistie das größte Geschenk, das die Kirche von ihrem Herrn empfangen hat.

Die Botschaften über die Eucharistie

Die Botschaften bieten keine tiefgründige theologische Erklärung der Eucharistie. Vielmehr sind sie Hilfe für die Entscheidung zum besseren Mitfeiern. Maria lehrt uns mit mütterlicher Liebe, wie man die Hl. Messe mitfeiert.

Die Botschaften lassen keinen Zweifel daran, daß jeder die Heilige Messe in die Mitte seines Lebens stellen soll. So möchte Maria, daß bereits die Kinder angeregt werden, zur Heiligen Messe zu gehen (7.3.1985). Sie wünscht, daß unsere Messe ein Gotteserlebnis wird und ruft deshalb zu aktiverem Gebet und zu einer aktiveren Teilnahme an der Heiligen Messe auf (16.6.1985).

Die Hl. Messe soll für uns das Leben sein.

25.10.1993: *„Liebe Kinder, ich kann Euch nicht helfen, wenn Ihr die Gebote Gottes nicht lebt, wenn Ihr die Messe nicht lebt, wenn Ihr Euch von der Sünde nicht abwendet".*

Die Muttergottes wünscht, daß die Heilige Messe für uns Freude und Leben sei!

Niemand als Maria, die Mutter Jesu, kann besser sagen, was für ein großes und ewiges Geschenk Gottes die Heilige Messe für uns ist. Sie, als die Mutter des Hohenpriesters, ist auch die Mutter der Eucharistie und spricht über die Größe dieser Gabe zu uns.

Sie lehrt uns, wie man diese freudigste Begegnung mit Gott feiern und leben soll. Sie weiß am besten, was es für uns bedeutet, bei und mit Jesus auf eine wirklich eucharistische Weise zusammen zu sein und zu leben.

Unermüdlich ruft sie uns dazu auf, ein solch gnadenvolles Leben zu führen. Sie lehrt uns, wie die Heilige Messe für uns immer eine freudige Begegnung mit Gott, der uns unendlich liebt und unser bester und größter Freund ist, sein wird. Sie möchte, daß die Heilige Messe unser Leben und unser Leben eine Heilige Messe ist. Erst dann bekommt das Leben seinen wirklichen Sinn und wir wissen, warum wir hier sind, und daß es sich zu leben lohnt.

Maria sagt in der Botschaft vom **3. April 1986**:
„Liebe Kinder! Ich möchte Euch zum Miterleben der Heiligen Messe einladen. Viele von Euch haben die Freude und die Schönheit der Heiligen Messe erfahren, und es gibt solche, die ungern zur Heiligen Messe kommen. Ich habe Euch, liebe Kinder, auserwählt, und Jesus gibt Euch Seine Gnaden in der Heiligen Messe. Daher lebt bewußt die Heilige Messe, und jedes Kommen soll Euch Freude bereiten. Kommt mit Liebe und nehmt mit Liebe die Heilige Messe an! - Danke, daß Ihr meinem Ruf gefolgt seid!"

Wenn wir die überaus große Schönheit, die Erhabenheit, den unendlichen Wert und alle Gnaden der Messfeier entdeckt haben, dann kommen wir mit Liebe, voller Freude und beseelt zum Heiligen Messopfer, um Gott zu feiern. Dann wird sie für uns zur schönsten, glücklichsten, heiligsten und hoffnungsvollsten Begegnung. Dies haben auch sehr viele Pilger, die Medjugorje, den Ort der Königin des Friedens, besucht haben, verspürt.
Sehr viele von ihnen sagten: „Die Feier der Abendmesse kann ich nie mehr vergessen ...! Die Freude während der Heiligen Messe war so unbeschreiblich groß, daß mich dies immer wieder nach Medjugorje führt ...!" Ein Mädchen aus Deutschland sagte: „Das war die schönste Heilige Messe meines Lebens!"

In jeder Heiligen Messe sendet der Vater Seinen Sohn, wird Jesu Tod und Auferstehung Gegenwart. In jeder eucharistischen

Opferfeier vollzieht sich die Hingabe zwischen Christus und der bräutlichen Kirche - und mir persönlich. Jesus Christus nimmt Seine Kirche hinein in Seine ewige Hingabe an den Vater im Heiligen Geist. Sie wird erlöst und darf zugleich mit ihm am Erlösungswerk mitwirken. So ist die Heilige Messe eine Feier - ein Fest der Liebe und Hingabe, bis in der ewigen Hochzeit des Lammes die ganze Schöpfung dem Vater übergeben sein wird, damit „Gott alles in allem" sei (1.Kor 15,28).

„Die Schönheit der Heiligen Messe besteht darin, daß sie das lebendige Opfer der Liebe Christi ist, der sich an uns verschenkt. Jedes Mal, wenn wir in einer Heiligen Messe sind, und wenn eine Heilige Messe gefeiert wird, können und müssen wir sagen, daß hier jemand ist, der uns so sehr liebt, daß er immer dazu bereit ist, sich ohne jegliche Bedingungen für uns zu opfern. Die Schönheit besteht auch darin, daß Gott bereit ist, uns zu verzeihen und uns seine Gnade und Liebe, zu geben, Leib und Seele zu nähren. Diese Schönheit zu erleben bedeutet, tief in die Geheimnisse Gottes einzudringen, sich jeden Tag in allem ununterbrochen zu bemühen, mit dieser Liebe zu leben und sein Leben als Antwort zu geben." (vergl. P. Slavko Barbaric „Feiert die Heilige Messe mit dem Herzen")

„Doch die Heilige Messe ist nichts anderes als das Fest mit dem göttlichen Freund und sie ist noch mehr als das. Sie ist ein lebendiges Opfer des göttlichen Lebens, das sich für uns und unsere Erlösung dahingibt, für unseren Frieden und unsere Liebe. Deshalb verdient es die eucharistische Liebe Christi, daß wir sie leben, daß wir ihre Schönheit spüren, daß wir uns der uns angebotenen Gnade bewußt und für die Gnade offen sind, damit wir in Liebe zur Heiligen Messe kommen und sie bewußt annehmen."

In der Botschaft vom **25. April 1988** wurde gesagt, daß die Heilige Messe der Mittelpunkt des Lebens ist, das Leben selbst, daß die Kirche der Palast Gottes und seiner Anwesenheit geweiht ist, und daß wir alle zur Heiligkeit eingeladen sind, die aus der Begegnung mit dem Heiligen hervorgeht:

- *„Liebe Kinder! Gott möchte Euch heilig machen. Deshalb lädt Er Euch durch mich zur vollkommenen Hingabe ein. Die Heilige Messe soll Euch das Leben sein. Begreift, daß die Kirche der Palast Gottes ist; der Ort, wo ich Euch versammle und wo ich Euch den Weg zu Gott zeigen möchte. Kommt und betet! Schaut nicht auf die anderen und redet nicht schlecht über sie. Euer Leben soll vielmehr Zeugnis auf dem Weg der Heiligkeit sein. Den Gotteshäusern, die geweiht sind, gebührt Ehrfurcht, denn in ihnen wohnt Tag und Nacht Gott, der Mensch geworden ist. Darum, meine lieben Kinder, glaubt und betet, daß Euch der Vater den Glauben vermehre, und sucht dann, was für Euch notwendig ist. Ich bin mit Euch und freue mich über Eure Umkehr und beschütze Euch mit meinem mütterlichen Mantel. Danke, daß Ihr meinem Ruf gefolgt seid."*

Sich bewußt zu sein, gut und heilig, doch vor allem der christliche Glaube, ist die Berufung eines jeden Menschen. Heiligkeit ist eine Gabe - eine Gnade -, die nur Gott uns geben kann. Heilig ist, wer in jedem Augenblick seines Lebens den Willen Gottes sucht, wer seine Gedanken, Worte und Werke, d.h. sein ganzes Leben nach dem Willen Gottes ausrichtet. Wer daher ein großes und vollkommenes Vertrauen zu Gott hat, wer ihm in jeder Situation glaubt, wer immer zu Gott sagt: - Hier bin ich Herr! Dein Wille geschehe! Jetzt und immerdar, an mir und an allem! - geht den sicheren Weg der Heiligkeit.

Die Heilige Messe, als das größte und höchste Gebet, segnet uns am meisten und macht uns zu neuen Menschen Gottes.

21. 11. 1985 - *„Liebe Kinder! Ich möchte Euch sagen, daß dies jetzt die Zeit besonders für Euch aus der Pfarre ist. Im Sommer* *sagt Ihr, daß Ihr viel Arbeit habt. Jetzt gibt es auf dem Feld keine Arbeit. Arbeitet an Euch selber! Kommt zur Heiligen Messe, denn das ist die Zeit, die Euch geschenkt ist. Liebe Kinder! Es sind genügend, die trotz des schlechten Wetters regelmäßig kommen, weil sie mich lieben und ihre Liebe auf eine besondere Weise zeigen wollen. Ich erwarte von Euch, daß Ihr mir Eure Liebe erweist, indem Ihr zur Heiligen Messe kommt. Und der Herr wird Euch reichlich belohnen. - Danke, daß Ihr meinem Ruf gefolgt seid!"*

Als Mutter möchte uns die Muttergottes besonders ans Herz legen, daß die Zeit, in der wir leben, ein Geschenk Gottes an uns ist. Wir dürfen mit dieser Zeit nicht spielen!
Wir müssen sie besser ausnutzen, um an uns zu arbeiten und wir müssen sie richtig auswerten. Davon, wie ein Mensch seine Zeit verbringt, hängt ab, was für ein Mensch er sein wird.

Es ist am besten, seine Zeit den Dingen zu widmen und sie dort zu verbringen, wo wir uns am ehesten vollenden, veredeln und heiligen können.
Die meiste Zeit verbringen wir mit dem, was uns Spaß macht und dort, wo wir glücklich sind. Wenn es uns um Gott geht und wir ihn in unserem Leben an die erste Stelle setzen, dann werden wir die für uns wertvollste Zeit beim Feiern des Heiligen Messopfers mit Gott verbringen.
So heiligen wir unsere Zeit und auch uns persönlich. Wir reifen hierdurch zu Menschen Gottes heran, zu Aposteln brüderlicher Liebe und des Friedens. ... Dies ist die Belohnung, von der die Gottesmutter spricht. Natürlich bereitet Gott für uns für jede Minute, die wir mit ihm in Liebe und Gemeinschaft verbracht haben eine große Überraschung im Himmel vor.

16.5.1985 - *„Liebe Kinder! Ich fordere Euch zum aktiveren Gebet und zu einer aktiveren Teilnahme an der Heiligen Messe auf. Ich wünsche, daß eure Messe ein Gotteserlebnis wird. Ich möchte vor allem der Jugend sagen: Seid dem Heiligen Geist* *gegenüber offen, denn Gott möchte Euch in diesen Tagen, in denen der Satan so stark wirkt, an sich ziehen. - Danke, daß Ihr meinem Ruf gefolgt seid!"*

Nirgends können wir die Nähe Gottes so stark spüren, erfahren und erleben wie beim Opfer der Heiligen Messe. Gut es wird gesagt: Während der Heiligen Messe ist Jesus bei uns und bei der Heiligen Kommunion ist Jesus in uns. Wir empfangen den lebendigen Gott in unserem Herzen und vereinigen uns so mit ihm. Damit wir Gott erfahren und erleben können, ist es erforderlich, sich ihm ganz zu öffnen und hinzugeben, alle Sünden zu bereuen und dem Heiligen Geist zu erlauben uns zu umgeben, zu segnen, zu heiligen. ...

Die Muttergottes ist zu uns gekommen, um uns in den Versuchungen zu helfen und beizustehen. Deswegen ruft sie uns immer wieder von neuem zu Umkehr, Buße, einem starken Glauben, zur Erneuerung des Gebetes in der Familie und zur Mitfeier der Heiligen Messe auf:

7.3.85 *„Heute lade ich Euch zur Erneuerung des Gebetes in euren Familien ein. Regt die Jüngsten zum Gebet an und dazu, daß die Kinder zur Heiligen Messe gehen!"*

Alle sind wir eingeladen, aber vor allem die Kinder, damit sie so früh wie möglich das, was das Herz und die Seele unseres Glaubens ist, kennen und lieben lernen: die Heilige Messe! Es ist unsere heilige Aufgabe, sie dabei zu führen und ihnen ein gutes Beispiel zu geben. Das beste Beispiel ist, selbst voller Freude an dieser hohen Feier teilzunehmen.

„Wenn wir am Messopfer teilnehmen, ist es eine Auferstehung für jeden einzelnen Menschen, der Mensch wird zum Brot des Lebens, zum Licht und Weg in unserer Welt, die voll tödlicher Nahrung und Dunkelheit ist. Beim Teilnehmen am Messopfer

wird der Mensch geheilt, um Gesundheit zu erlangen, er wird geheiligt, damit auch er zur Heiligung aufrufen kann. Er bekommt die Aufgabe, hinzugehen und Frieden zu bringen. Deshalb wird gesagt: Geh hin in Frieden! Beim Teilnehmen an der Heiligen Messe kommt der Mensch, erschöpft durch die Sünden, in den Fesseln des Todes und steht auf zum neuen Leben der Freude, der Gemeinschaft mit Gott und den Menschen. Er kommt müde und geht ausgeruht wieder weg. Er kommt so, wie er ist und geht so, wie er sein kann, und er bekommt die Kraft, auch so zu bleiben. Bei der Teilnahme an der Heiligen Messe wird der Mensch zum eucharistischen Menschen, dankbar und bereit, in der Einfachheit der Liebe und Aufopferung, mit Gott und mit den Menschen beim Aufbau einer neuen Welt mitzuarbeiten."
(P. Slavko Barbaric)

Die Eucharistie ist der höchste Akt der Gottesverehrung. In Ihr gibt sich der allmächtige und liebende Gott auf geheimnisvolle Weise dem Menschen vollkommen hin. Darum ist die Feier der Eucharistie das Mahl des göttlichen Lebens und der göttlichen Liebe, und durch sie wird der Mensch selbst zum Leib Christi. Er ißt vom Leib Christi und wird zum Leib Christi. Etwas Großartigeres kann der Mensch sich nicht vorstellen und auch nicht wünschen, und ein persönlicheres und innigeres Verhältnis zwischen Christus und dem Menschen ist nicht möglich. Die Eucharistie ist der Quell des christlichen Lebens, des Heils und zugleich auch der Kraft, mit der wir als höchste Leistung die Vereinigung mit Christus in Gott erlangen können. Christi Leben, dessen wir in der Eucharistie teilhaftig werden, beschenkt den Menschen mit der Fülle der höchsten Geistesgaben, die damit der ganzen Kirche und auch der ganzen Welt hingegeben werden.

Das Wunder der Eucharistie ist nicht die Wandlung von Brot und Wein zu Christi Leib und Blut, sondern die Wandlung des

Menschen zum Leib Christi. Das ist der Höhepunkt der Eucharistie. Und die Wandlung von Brot und Wein zu Christi Leib und Blut ist nur der erste Schritt zur Wandlung der Kommunikanten zum Leib Christi, die dadurch teilhaben an Christi Leben, Tod und Auferstehung. Und durch sie durchdringt die Eucharistie die ganze Welt und die ganze Geschichte, bringt in die Welt Christus und die Macht seiner Auferstehung ein, die vernichtenden Kräfte im Menschen und in der Welt abwehrt und besiegelt.

Mit Christus in sich, durch die Teilhabe an seinem Leibe verwirklichen die Christen das Reich Gottes auf Erden. Diese Teilhabe befähigt und verpflichtet sie, das Reich zu seiner Vollendung zu führen. Sie werden die Erbauer einer neuen Welt, einer neuen Erde und eines neuen Himmels, denn sie vermögen die Welt zu verwandeln, sie von allen Störungen zu befreien und Ihr die Aussicht auf Auferstehung und Sieg zu eröffnen. Sie sind, mit Christi Kraft in sich, die wahren Revolutionäre, die der Welt den Frieden bringen können, da sie ihn, mit Christus in sich, bereits in sich tragen. (P. Ljudevit Rupcic „Medjugorje - Himmelstür und Beginn einer besseren Welt")

Eucharistie ist Wandlung zum Guten

Die Eucharistie ist das Geheimnis, das über allen Geheimnissen steht (Sakrament der Sakramente). Sie ist das größte Geschenk Christi an uns Menschen. Sie ist das Wertvollste, was wir katholischen Christen besitzen. Ein echter und wahrer Christ glaubt und lebt aus diesem Geheimnis. Sie ist das Herz und die Seele unseres Glaubens. Sie ist die Quelle, die Mitte und der Höhepunkt des Christentums (christlichen Lebens).

Der hl. Augustinus sagt: „Ich wage zu behaupten, daß Gott nicht mehr geben konnte, auch wenn Er allmächtig ist, daß Er nicht wußte, was Er noch mehr geben sollte, auch wenn Er unendlich reich ist, als Er uns die Eucharistie hinterlassen hat."

„Unser Erlöser hat beim Letzten Abendmahl in der Nacht, da er verraten wurde, das eucharistische Opfer seines Leibes und Blutes eingesetzt, damit dadurch das Opfer des Kreuzes durch die Zeiten hindurch bis zu seiner Wiederkunft fortdauere und er so der Kirche, der geliebten Braut, das Gedächtnis seines Todes und seiner Auferstehung anvertraue: als Sakrament des Erbarmens und Zeichen der Einheit, als Band der Liebe und österliches Mahl, in dem Christus genossen, das Herz mit Gnade erfüllt und uns das Unterpfand der künftigen Herrlichkeit gegeben wird"

Wir haben gelernt, daß die Eucharistie das unblutige Opfer des neuen Bundes ist, bei dem sich Jesus Christus in der Gestalt von Brot und Wein ununterbrochen seinem himmlischen Vater darbringt.

Einmal und doch für immer hat unser Hohepriester, Jesus Christus, seinem himmlischen Vater das Opfer seines Lebens am Kreuz dargebracht. Christus hat unmittelbar vor seinem Tod mit seinen Jüngern das Letzte Abendmahl gefeiert. Er hat seinen

Jüngern das gebrochene Brot und den Kelch mit Wein gegeben und gesagt: „Das ist mein Leib ... Das ist mein Blut ...!" Das war das erste Messopfer.

Christi Leiden, Tod und Auferstehung ist die reale Erlösung der ganzen Menschheit, denn darin sind die Vergangenheit, die Gegenwart und die Zukunft eingebunden. Deshalb ist das Messopfer auf unseren Altären vor allem das Gedächtnis für das letzte Abendmahl und das Opfer am Kreuz. Das ist keine leere Erinnerung und kein Auffrischen, kein Andenken an ein Ereignis. Es ist eine heilige Gedächtnisfeier.

Es ist die Vergegenwärtigung des Erlösungsereignisses, das Geheimnis unserer Erlösung, das immer wieder erneuert wird, in dem die Kirche dem himmlischen Vater das Opfer Seines Sohnes darbringt. So wird auch uns dieses einzige Opfer durch die liturgisch - sakramentale Erneuerung vergegenwärtigt, es wird zu unserem Opfer, „hier und jetzt." - Jesus Christus, der ein für allemal sein wahres Opfer der Erlösung dargebracht, ist ein wahres Opfer, so wie auch der Tod am Kreuz für uns.

Die tägliche Feier der Heiligen Messe ist nicht eine Wiederholung des Opfers Christi, sondern seine Vergegenwärtigung hier und heute. Es bleibt immer das einmalig dargebrachte Kreuzesopfer unseres Herrn.
Es ist die jetzige wahre Gegenwart, ein ewiges Abendmahl des Herrn mit uns und für uns. Es ist auch die Feier der Heiligen Kommunion in der Gestalt von Brot und Wein.
Die Heilige Messe ist das christliche Ostern, denn der auferstandene Jesus Christus ist anwesend. Sie ist auch der Kalvarienberg, weil sie Anteil gibt, an den Früchten der Passion und das damalige Opfer verewigt.
Während die griechischen Kirchenväter die Eucharistie vor allem als Geschehen, als Gegenwärtigwerden der vergangenen Heilstat Gottes in Jesus Christus, gesehen haben,
haben sich die lateinischen Väter auf die Wandlung und Verwandlung irdischer Gaben von Brot und Wein in Leib und Blut Christi konzentriert.

Wie ist es möglich, daß Brot und Wein in Leib und Blut Christi verwandelt werden?
Das Wort Christi und das Walten des Heiligen Geistes sind so wirkkräftig, daß sie diese Verwandlung zu bewirken vermögen.
Der hl. Chrysostomus erklärt: „Nicht der Mensch bewirkt, daß die Opfergabe Leib und Blut Christi werden, sondern Christus selbst, der für uns gekreuzigt worden ist. Der Priester, der Christus repräsentiert, spricht diese Worte aus, aber ihre Wirkkraft und Gnade kommen von Gott. Das ist mein Leib, sagt er. Dieses Wort verwandelt die Opfergaben".

Der hl. Ambrosius sagt über die Verwandlung: „Hier liegt etwas vor, was nicht die Natur gebildet, sondern die Segnung konsekriert hat, und die Wirksamkeit der Segnung geht über die Natur hinaus, indem sogar die Natur selbst kraft der Segnung verwandelt wird. ... Das Wort Christi, das aus dem Nichts das Seiende zu schaffen vermochte, sollte das Seiende nicht in etwas verwandeln können, was es vorher nicht war? Nichts Geringeres ist es, neue Dinge zu erschaffen, als Naturen zu verwandeln!"

Das Konzil von Trient erklärt: „Weil Christus unser Erlöser, sagte, das, was er unter der Gestalt des Brotes darbrachte, sei wahrhaft sein Leib, deshalb hat in der Kirche Gottes stets die Überzeugung geherrscht, daß es so ist. Dieses heilige Konzil erklärt es jetzt von neuem:

Durch die Konsekration des Brotes und Weines geschieht eine Verwandlung der ganzen Substanz des Brotes in die Substanz des Leibes Christi, unseres Herrn und der ganzen Substanz des Weines in die Substanz seines Blutes. Diese Wandlung wurde genannt: Wesensverwandlung (Transsubstantiation)".

Die Frage ist jetzt: Wie kann mein Leben durch die Eucharistie verwandelt werden?
Welche Bedeutung hat die Heilige Wandlung der eucharistischen Gaben für uns Menschen, für die Welt,
für die Schöpfung?

Die Eucharistie soll unser ganzes Tun und Denken durchdringen. Sie verpflichtet uns, ganz Kinder dieser Erde zu werden, aber zugleich diese Erde mit dem Geist Christi zu durchdringen, alle unsere irdische Tätigkeit in den Dienst der Verwandlung des Kosmos zu stellen.

Der eucharistische Christus durchdringt den Kosmos, heiligt die Materie und drückt ihr seinen göttlichen Stempel auf. Und so verklärt die Eucharistie unsere Welt nach und nach in den göttlichen Bereich:
Die Hl. Messe ist „ein Ereignis des Weltalls!"
In ihr „sammelt sich das ganze Universum und tritt in einen neuen Zustand der Entwicklung ein. Wenn wir die Hl. Eucharistie feiern, nehmen wir alle Kräfte der Evolution in uns auf und führen das Weltall seiner letzten Vollendung entgegen.

Das Messopfer ist immer ein Messopfer der Welt, die Krönung ihrer Schönheiten, ihrer Anstrengung, ihres Leidens und ihrer geheimen Sehnsucht".

Es geht um die Verwandlung unseres Lebens. Eucharistie fordert uns auf, im Bild von Brot und Wein die Wirklichkeit unseres Lebens anzuschauen, unseren Leib, unsere Gefühle und Gedanken, unsere Leidenschaften und Triebe, unsere Sehnsucht und Bedürfnisse, unser Licht und unseren Schatten. Eucharistie verlangt gerade Wandlung unseres Leibes.

Die eucharistische Wandlung will unsere Bedürfnisse in Sehnsucht nach Gott verwandeln, unsere Probleme in die Herausforderung, uns auf den Weg zu machen, unsere Angst in Vertrauen, unsere Wunden in Quellen des Lebens, unsere Sexualität in Zärtlichkeit und Liebe, unsere Zerrissenheit in Ganzheit und unsere Schuld in eine felix culpa, in einen Einfallsort für die Gnade Gottes.

Verwandelt wird unser Leib nur, wenn wir ihn in das Feuer göttlicher Liebe halten, damit der Dornbusch unseres Lebens zum Ort der Herrlichkeit Gottes werden kann.

Wandlung meint: alles in uns darf sein, aber alles in uns wird Gott hingehalten, damit er es verwandle in Brot und Wein für uns und für andere, damit er es durchdringe mit seinem Geist und seiner Liebe. Erst wenn alles in uns durchlässig (transparent) wird für Gott, für sein Leben und seine Herrlichkeit, für seine Kraft und seine Zärtlichkeit, erst wenn unser Leib zur Monstranz geworden ist, die Christus durchscheinen läßt, erst dann haben wir wirklich Wandlung gefeiert, erst dann ist Eucharistie an ihr Ziel gekommen.

Wandlung meint noch etwas. ... Die verwandelten Gaben von Brot und Wein weisen darauf hin, daß alles in uns und um uns herum in der Menschwerdung Jesu Christi schon verwandelt worden ist. Die Menschen, denen ich heute begegnen werde, sind schon im Grunde von Christus berührt und verwandelt. Die Wiesen und Felder, die Blumen und Bäume tragen das Geheimnis Christi in sich, denn: auf Christus hin ist alles geschaffen.

Eucharistie lädt mich ein, nicht nur das Brot und den Wein, die ich in der Hl. Kommunion empfange, mit anderen Augen anzusehen, sondern mein ganzes Leben neu zu sehen.

Wenn ich Menschen begegne, so werde ich ihnen nur gerecht, wenn ich ihr Geheimnis beachte, wenn ich Christus in ihnen sehe. Und ich werde mit den Problemen und Schwierigkeiten meines Lebens nur fertig, wenn ich Christus auf ihrem Grund sehe.

Die Schmerzen meiner Krankheit, meine Ängste, meine Traurigkeit, meine Einsamkeit, die Ablehnung, die ich von anderen erfahre, die Missverständnisse, denen ich ausgesetzt bin, all das ist schon verwandelt, all das ist durch die Eucharistie in Christus hineingenommen und von ihm durchdrungen und verwandelt worden. So begegne ich Christus in meiner Krankheit, in meiner Not, in meiner Sinnlosigkeit. ...

Überall ist Wandlung geschehen durch Jesus Christus und überall kann Wandlung geschehen auch heute!

Wir feiern die Wandlung der Eucharistie, um überall auf das Geheimnis der Wandlung zu achten, um überall Christus als dem Grund unseres Lebens und dem Urgrund der ganzen Schöpfung zu begegnen.

Bei der Heiligen Messe anwesend zu sein, bedeutet die bewußte Annahme der Begegnung mit dem lebendigen Christus, selbst mit Gott durch Christus nach Seinen eigenen Worten zusammenzukommen, mit Ihm, der uns so unendlich liebt, der sich uns in der Heiligen Kommunion schenkt.

Bei der Heiligen Messe dabei zu sein heißt auch, mit den Brüdern und Schwestern in Christus und der ganzen Kirche zusammen zu sein. Das heißt, durch die eigene Entscheidung dabei zu sein, Ihm mit aller Entschlossenheit Liebe, Freundschaft und Treue zu schenken und sich selbst hinzugeben, um so reicher in der Gnade zu sein, sowie auch in allen anderen Tugenden.

In der Hl. Messe wird aus einem Sünder ein Heiliger, aus einem Menschenkind ein Kind Gottes, aus einem verfluchten wird ein gesegneter Mensch. Aus der Dunkelheit gehe ich in die Heiligkeit. Bei der Heiligen Messe dienen wir zugleich unserem Gott, weil wir uns Ihm mit unserem Glauben und unserem Vertrauen hingeben, so daß Er uns belehren kann. Aus der Heiligen Messe gehen alle Gnaden für die Christen und die Kirche hervor. ...

Die Heilige Messe - Wunder und Kreuzesopfer

„Jesus hat mich geliebt und sich selbst für mich hingegeben."
(Gal 2,20)

Erst im Himmel werden wir besser begreifen, welches göttliche Wunder die Heilige Messe ist. So sehr einer sich auch bemüht, so sehr er heilig und erleuchtet ist, kann er über dieses göttliche Werk, das die Fassungskraft von Menschen und Engeln übersteigt, nur mit armseligen Worten stammeln.

Man fragte einmal den hl. Pio von Pietrelcina: „Pater, erklären Sie uns die Heilige Messe".- „Meine Kinder", antwortete der Pater, „wie könnte ich sie Euch erklären? Die Heilige Messe ist unendlich wie Jesus ... Fragt einen Engel, was eine Heilige Messe ist und er wird Euch in Wahrheit antworten: Ich verstehe, daß sie ist und wieso sie gefeiert wird, aber ich begreife ihren unendlichen, großen Wert nicht. Ein Engel, tausend Engel, ja der ganze Himmel wissen das und denken so."

Der hl. Alfons von Liguori wagte zu behaupten: „Gott selbst kann kein heiligeres und größeres Werk vollbringen als die Heilige Messe."
Wieso? Weil die Heilige Messe sozusagen die Synthese von Menschwerdung und Erlösung ist, hat sie die Geburt, die Passion und den Tod Jesu für uns zum Inhalt. Das II. Vatikanische Konzil lehrt uns: „Unser Erlöser setzte in der Nacht, als er verraten wurde, beim Mahl das eucharistische Opfer seines Leibes und Blutes ein, damit setzte er sein Kreuzesopfer durch die Jahrhunderte fort bis zu seiner Wiederkunft" (Sacrosanctum Concilium Nr. 47).

Schon Papst Pius XII. hatte diesen wunderbaren Gedanken ausgesprochen: „Der Altar in unseren Kirchen unterscheidet sich nicht vom Altar auf Golgatha; auch über ihm ragt das Kreuz mit dem Gekreuzigten empor, wo sich die Versöhnung zwischen Gott und Mensch vollzieht."

Die heilsame Wirkung, die jedes Messopfer in den Mitfeiernden erzeugt, ist wunderbar. Sie erlangen Reue und Vergebung der Schuld, Nachlaß von Sündenstrafen, die Macht Satans und die Begierlichkeiten werden geschwächt, die Verbindung mit Christus wird gestärkt, sie erlangen Schutz vor Gefahren und vor Unglück, Verkürzung des Fegefeuers und einen höheren Grad der Seligkeit im Himmel.

Der hl. Laurentius Justiniani sagt: „Keine Menschenzunge kann die Wohltaten aufzählen, die aus dem Messopfer fließen; der Sünder versöhnt sich mit Gott, der Gerechte wird noch gerechter, Schuld wird gelöscht, Laster werden vernichtet, Tugenden und Verdienste vermehrt und teuflische Nachstellungen werden vernichtet."

Aus diesem Grund hörte der hl. Leonhard von Porto Maurizio nicht auf, die Zuhörer zu ermahnen: „Was machst Du, irregeführtes Volk? Wieso eilt Ihr nicht in die Kirchen, um so viele Heiligen Messen als möglich mitzufeiern? Warum macht Ihr es nicht den Engeln gleich, die zu jeder Heiligen Messe in Scharen aus dem Himmel kommen, um die Altäre in Anbetung verharren, um für uns einzutreten?"

Wenn es stimmt, daß wir alle für dieses und fürs neue Leben Gnaden brauchen, können wir sie von Gott in keiner Weise eher erlangen als durch die Heilige Messe.

Der hl. Filipp Neri sagte: „Durch Gebet bitten wir Gott um Gnaden; bei der Heiligen Messe zwingen wir Gott, uns diese zu schenken."

Das Gebet, welches während der Heiligen Messe verrichtet wird, betrifft sowohl das Amtspriestertum als auch das Laienpriestertum der Gläubigen.

In der Heiligen Messe ist unser Gebet mit dem des leidenden Jesus vereint, der sich für uns hinopfert. Besonders während des Hochgebetes, dem Herzstück der Heiligen Messe, wird unser aller Gebet auch zum Gebet Jesu, der mitten unter uns ist.

Zwei Abschnitte des Römischen Kanons mit dem Gedenken an Lebende und Verstorbene sind die wertvollsten unseres fürbittenden Gebetes. Wir können dabei an unsere Anliegen denken, liebe Menschen Gott anempfehlen, Lebende und Verstorbene, und das im heiligsten Augenblick des Leidens und Sterbens Jesu, da er in den Händen des Priesters ist. Nützen wir sorgfältig diesen Moment. Die Heiligen legten großen Wert darauf, und wenn sie sich dem Gebet der Priester empfohlen haben, baten sie um ein Gedenken während des Kanons.

Besonders in der Todesstunde werden uns die Heiligen Messen, welche wir andächtig mitgefeiert haben, zum Trost gereichen und unsere Hoffnung stärken. Eine einzige Heilige Messe, die wir im Leben mitgefeiert haben, wird uns mehr nützen als viele Heilige Messen, die andere nach unserem Tod für uns feiern.

Der hl. Josef Cottolengo verspricht jenen einen heiligen Tod, die oft die Heilige Messe mitfeiern.

Auch für den hl. Don Bosco bedeutet die Mitfeier vieler Heiliger Messen ein Zeichen der Vorherbestimmung für den Himmel.

Jesus sagte einmal zur hl. Gertrud: „Sei gewiß, denen, die andächtig die Heilige Messe mitbeten, werde ich in der letzten Stunde so viele Heilige zum Schutz und Trost schicken, als sie Heilige Messen andächtig mitgefeiert haben."
Wie tröstlich ist das.

Wir dürfen uns jedes Mal glücklich schätzen, wenn wir die Möglichkeit haben zu einer Heiligen Messe zu gehen, und sollten kein Opfer scheuen, um sie nicht zu versäumen. Das gilt besonders für die Feiertage, an denen der Messbesuch verpflichtend ist, denn wer sich nicht daran hält, sündigt schwer.
Denken wir an die hl. Maria Goretti, die mit dem Hin- und Rückweg 24 Kilometer zu Fuß ging, um die Sonntagsmesse zu besuchen. Die hl. Santina Campana ging noch mit hohem Fieber zur Messe.

Der hl. Maximilian M. Kolbe feierte die Heilige Messe in bemitleidenswertem Krankenzustand, daß ihn ein Mitbruder am Altar stützen mußte, damit er nicht umfiel; und wie oft feierte der hl. Pater Pio von Pietrelcina die Heilige Messe blutend und mit hohem Fieber!

Wenn die Heiligen wegen Krankheit nicht bei der Heiligen Messe sein konnten, verbanden sie sich wenigstens im Geist mit den zelebrierenden Priestern in allen Kirchen der Erde. So machte es z.B. die hl. Bernadette, als sie für lange Zeit zu Bett bleiben mußte; sie sagte zu den Mitschwestern: „Irgendwo auf Erden wird immer Messe gefeiert, ich verbinde mich mit all diesen Messen, besonders während der schlaflosen Nächte."

In unserem Alltag müssen wir die Heilige Messe jeder anderen guten Sache vorziehen, denn es stimmt, was der hl. Bernhard sagt: „Man hat durch eine andächtige Mitfeier der Heiligen Messe mehr Verdienst, als wenn man seinen ganzen Besitz an Arme verteilt oder an alle Wallfahrtsorte der Erde pilgert."

Es kann nicht anders sein, denn nichts auf der Welt kommt dem unendlichen Wert einer Heiligen Messe gleich. „Das Martyrium ist nichts", sagte der hl. Pfarrer von Ars, „im Vergleich zur Heiligen Messe, denn das Martyrium ist ein Opfer des Menschen für Gott, während bei der Heiligen Messe sich Gott für den Menschen opfert!"

Besonders aber müssen wir die Heilige Messe den Unterhaltungen vorziehen, die für unsere Seele nur ein Zeitverlust ohne Nutzen sind.

Der hl. König Ludwig IX. von Frankreich ging täglich zu mehreren Messen, worüber sich einige Minister beklagten und meinten, er könnte diese Zeit den Angelegenheiten des Reiches widmen. Aber der König erwiderte: „Wenn ich zweimal so viel Zeit der Unterhaltung und Jagd widmen würde, machte mir niemand einen Vorwurf".

Seien wir großzügig und bringen wir gerne auch ein Opfer, um ein so hohes Gut nicht zu versäumen. Der hl. Augustinus sagte zu seinen Christen: „Jeder Schritt, den jemand setzt, um zu einer Heiligen Messe zu kommen, wird von einem Engel gezählt, und Gott wird ihn hier und in der Ewigkeit reich belohnen."

Und der hl. Pfarrer von Ars fügt hinzu: „Wie glücklich ist der Schutzengel, der seinen Schützling zur Heiligen Messe begleiten darf!"

Täglich die Heilige Messe feiern ist eine Gnade

Wenn man den unendlichen Wert der Heiligen Messe begriffen hat, wundert man sich nicht mehr über den Eifer und die Liebe der Heiligen für die tägliche Messfeier, auch für mehrerer Heiliger Messen am Tag.

Der hl. Pater Pio von Pietrelcina sagte einmal zu einem Beichtenden. „Wenn die Menschen den Wert der Heiligen Messe begreifen würden, müßten bei jeder Heiligen Messe die „Carabinieri" in den Kirchen die Menschenmengen in Schranken halten."
Vielleicht gehören auch wir zur großen Zahl der Christen, die den Wert der Heiligen Messe nicht verstehen, daher fehlt uns der Eifer und die Begeisterung, die die Heiligen jeden Tag zur Messe trieben und sogar öfter am Tag.

Der hl. Augustinus hinterließ uns ein Lob auf seine Mutter, die hl. Monika: „O Herr, sie ließ keinen Tag vergehen, ohne an Deinem Altar beim göttlichen Opfer dabei zu sein".

Der hl. Franziskus von Assisi war jeden Tag bei zwei Messen dabei; als er krank war, bat er einen Priesterbruder in seiner Zelle die Messe zu feiern, um nicht ohne die Heilige Messe zu bleiben.

Der hl. Thomas von Aquin diente jeden Morgen, nachdem er seine Heilige Messe zelebriert hatte, als Danksagung bei einer anderen Messe.

Der hl. Pascal Baylon konnte als kleiner Hirte nicht zu jeder Messe in die Kirche gehen, wie er es gewünscht hätte, weil er die Schafe auf die Weide führen mußte. Wenn die Glocken zur Messe läuteten, kniete er sich vor einem selbstgebastelten Holzkreuz bei den Schafen ins Gras und folgte so aus der Ferne dem Priester, der das Kreuzesopfer darbrachte. Dieser liebe Heilige und wahre Seraph der eucharistischen Liebe hörte am Sterbebett die Glocken zur Messe läuten und flüsterte mit letzter Kraft den Brüdern zu: „Ich freue mich, mit dem Opfer Jesu mein armes Leben zu verbinden!" Und er starb während der hl. Wandlung.

Der hl. Johannes Berchmans ging täglich beim Morgengrauen in die Kirche. Einmal fragte ihn die Großmutter, wieso er so früh ausgehe. Der hl. Junge antwortete: „Um den Segen Gottes zu erbitten; ich darf jetzt bei drei Messen ministrieren, bevor ich in die Schule gehe."

Der hl. Peter Julian Eymard freute sich schon als kleiner Junge aufs Messdienen. In seinem Dorf war es damals Sitte, daß jener Junge bei der Messe dienen durfte, der am frühen Morgen eine Viertelstunde lang eine Glocke läutend durch das Dorf zog, um die Leute zu rufen. Oft versteckte der kleine Peter Julian am Abend die Glocke, damit er am nächsten Morgen sicher ministrieren konnte.

Eine Mutter von sechs Kindern, die hl. Königin Margarete von Schweden, ging täglich mit ihren Kindern zur Heiligen Messe und lehrte sie mit mütterlichem Eifer, das Messbuch wie einen Schatz zu betrachten, den sie sogar mit Edelsteinen schmückte.

Ordnen wir unseren Tagesplan, damit uns für die Heilige Messe Zeit bleibt. Sagen wir nicht, wir hätten zu viel zu tun, denn Jesus könnte uns an das Wort erinnern: „Martha, Martha, Du kümmerst Dich um vieles, anstatt an das eine Notwendige zu denken!" (Lk 10,41).

Wer ernstlich will, findet die Zeit zur Messe zu gehen, ohne seine Pflichten zu vernachlässigen.

Der hl. Josef Cottolengo empfahl allen die tägliche Heilige Messe, den Lehrern, Pflegerinnen, den Tagelöhnern, Ärzten und Eltern... und wenn ihm jemand antwortete, er habe keine Zeit dafür, erwiderte er entschieden: „Schlechte Zeiteinteilung! Schlechte Einteilung der Zeit!" So ist es.

Wenn wir wirklich an den unendlichen Wert der Heiligen Messe denken würden, würden wir uns danach sehnen und alles unternehmen, um die Zeit dafür zu finden.

Der hl. Aloisius und der hl. Alfons Rodriguez dienten jeden Morgen bei so vielen Messen als möglich und in so andächtiger Haltung, daß sie dadurch viele Menschen in die Kirche zogen.

Der hl. Franz von Paola begab sich jeden Morgen in die Kirche und blieb bei allen Messen, die gefeiert wurden.
Der hl. Pfarrer von Ars sagte: „Die Heilige Messe ist die Andachtsübung der Heiligen."

Der ehrwürdige Franz vom Kinde Jesu, ein Karmelitermönch, diente täglich bei zehn Messen. Wenn er einmal bei weniger Messen Dienst tat, sagte er: „Heute war mein Frühstück nicht vollständig..."

Ähnliches kann man von der Liebe heiliger Priester zur Messfeier sagen. Es war für sie ein großer Schmerz, wenn sie nicht zelebrieren konnten.
„Wenn Du hörst, daß ich nicht mehr zelebrieren kann, kannst Du mich für tot halten", sagte der hl. Franz Xaver Bianchi zu einem Mitbruder.

Wir wissen aus dem Leben des hl. Alfons von Liguori, daß ihn eines Tages auf einer Straße in Neapel arge Leibschmerzen überfielen. Der begleitende Mitbruder ermahnte ihn anzuhalten, um ein schmerzstillendes Mittel einzunehmen. Der Heilige hatte aber noch nicht die Messe gefeiert und antwortete sofort: „Mein Lieber, ich würde in diesem Zustand noch zehn Meilen weit gehen, um nicht die Heilige Messe zu versäumen."

Der hl. Laurentius von Brindisi, ein Kapuziner, ging 40 Meilen weit zu Fuß, um eine Kapelle zu erreichen.

Wir können nie genug über das unaussprechliche Geheimnis der Heiligen Messe nachdenken, das sich auf unseren Altären als Kreuzesopfer Jesu wiederholt. Und nie können wir dieses erhabene Wunder der Liebe Gottes genug lieben.

Der hl. Bonaventura schrieb: „Die Heilige Messe ist das Werk, durch welches uns Gott die ganze Liebe, die er uns brachte, vor Augen stellt. In gewissem Sinn ist sie die Synthese aller Wohltaten, die er uns erwiesen hat."

Und der hl. Johannes Bosco empfiehlt uns lebhaft: „Setzt allen Eifer ein, um zur Heiligen Messe zu gehen, auch an Werktagen, auch wenn Ihr dafür manche Unannehmlichkeit ertragen sollt. Damit erreicht Ihr vom Herrn jede Art von Segen."

Leben im Geiste der Eucharistie

Wie sollen wir während des Tages im Geiste der Eucharistie leben?
„Ich bin mit Euch alle Tage" (Mt 28,20).

Gesättigt und gekräftigt durch das Wort und den Leib unseres Herrn Jesus Christus, kehren wir zu unseren alltäglichen Pflichten zurück. Die Eucharistie erlaubt es uns, daß wir unseren Dienst in dieser Welt gegenüber den Nächsten besser ausüben, ungeachtet der Umstände, in denen wir leben und arbeiten. Unser Leben als Christ soll einen apostolischen Charakter haben, deshalb ist ein immer tieferes Erleben der Bindung an

Jesus Christus so wichtig. Er ist immer mit uns, also wollen wir Seine Gegenwart nutzen: verbinden wir uns mit Ihm im Gebet, mit Ihm wollen wir jede Arbeit beginnen und ausführen, Ihm wollen wir nach ihrer Beendigung danken, an Ihn wollen wir uns im Leid wenden, damit wir es für unsere Erlösung, für die der Nächsten und der ganzen Welt opfern können.

Durch Stoßgebete, gute Werke und das liebevolle Verharren in Seiner Gegenwart wird jeder einfache Tag für uns zu einem Geschenk der Barmherzigkeit Gottes, zu einer verdienstvollen Zeit und zum Beginn der ewigen Glückseligkeit bereits hier auf Erden.

So hat die hl. Faustina diese graue Alltäglichkeit erlebt.

Jesus, wenn Du in der Heiligen Kommunion zu mir kommst, der Du mit dem Vater und dem Heiligen Geist im kleinen Himmel meines Herzens Wohnung nehmen wolltest, so bemühe ich mich, Dir den ganzen Tag hindurch Gesellschaft zu leisten. Nicht einen Augenblick lasse ich Dich allein. Auch wenn ich mit Menschen zusammen bin, bleibt mein Herz immer mit Ihm verbunden. Beim Einschlafen opfere ich Ihm jeden Schlag meines Herzens; beim Erwachen vertiefe ich mich in Ihm, ohne ein Wort zu sprechen.

Wenn ich erwache, preise ich einen Moment die Heilige Dreifaltigkeit und danke dafür, daß mir nochmals ein Tag geschenkt wurde, daß sich in mir noch einmal das Geheimnis Deines Mensch gewordenen Sohnes vollziehen wird, daß sich in meinen Augen noch einmal Dein bitteres Leiden wiederholen soll; dann bemühe ich mich, Jesus den Weg durch mich zu anderen Seelen zu erleichtern. Überall gehe ich mit Jesus, Seine Anwesenheit begleitet mich.

0 Leben, eintönig und grau, wie viele Schätze ruhen in Dir! Keine Stunde gleicht der anderen. Einerlei und Grau des Alltags weichen, wenn ich alles mit den Augen des Glaubens betrachte. Die Gnade, die für mich in dieser Stunde steckt, wiederholt sich nicht in der nächsten Stunde. Die Zeit verrinnt und kehrt niemals zurück. Was sie in sich birgt, verändert sich nicht, sie besiegelt es in Ewigkeit. Amen!

Aussagen von Heiligen über die Heilige Messe

Es gibt nichts Schöneres und Besseres, Größeres und Edleres, Erhabeneres und Vollkommeneres als die Heilige Messe. Sie ist das größte und vollkommenste Gebet, das von der Erde zum Himmel heraufsteigt (das sich von der Erde zum Himmel emporhebt).

Der hl. Pio von Pietrelcina sagt: „Die Erde könnte eher ohne die Sonne bestehen als ohne die Heilige Messe."

Die Heilige Messe, d.h. die Eucharistie ist das Sakrament der Sakramente - das Geheimnis aller Geheimnisse. Sie ist das Herz und die Seele unseres Glaubens. Sie ist die Quelle und der Höhepunkt allen christlichen Lebens. Ein überzeugter, wirklicher und wahrer Christ glaubt an die Heilige Eucharistie und lebt aus ihr. Weder werden wir sie jemals ganz begreifen, noch ihren Reichtum bis zum Ende ausschöpfen.

Der hl. Pfarrer von Ars, Johannes Maria Vianney, hatte recht, wenn er sagte: „Wenn wir den Wert des Hl. Messopfers erkennen könnten, würden wir uns mit Eifer und Begeisterung einsetzen, sie mitzufeiern! ... Wenn wir die Heilige Messe begreifen könnten, würden wir vor Freude sterben!"

Und der hl. Peter Julian Eymard ermahnte: „Wisse, o Christ, daß die Messe die heiligste Handlung des Glaubens ist: Du könntest Gott keine größere Ehre geben und Deiner Seele nicht besser nützen, als die Heilige Messe andächtig und so oft als möglich mitzufeiern. ... Ihr findet alles in der Eucharistie, die Kraft des Wortes, Weisheit und Wunder ..." „Die Eucharistie ist die höchste Offenbarung der Liebe Jesu. Sie kann nur im Himmel übertroffen werden."
Am Sterbebett antwortete er einem Bruder, der ihn um ein letztes Wort bat: „Ich habe Euch nichts mehr zu sagen. Ihr habt die Eucharistie, was wollt Ihr noch mehr ...?" Es ist wirklich so.

Der hl. Bernard sagt: „Die Eucharistie ist jene Liebe, die jede Liebe im Himmel und auf Erden übertrifft!" Und der hl. Thomas von Aquin schrieb: „Die Eucharistie ist das Sakrament der Liebe, sie bedeutet Liebe und erzeugt Liebe! ... Die Feier der Heiligen Messe gilt so viel wie der Tod Jesu am Kreuz".

Daher sagte auch der hl. Franziskus von Assisi: „Der Mensch soll erzittern, die Erde erbeben, der ganze Himmel werde erschüttert, wenn sich in den Händen des Priesters am Altar der Sohn Gottes vergegenwärtigt."

Die Erneuerung des Leidens und Sterbens Jesu ist ein so großes Geschehen, das allein schon genügt, Gottes Gerechtigkeit aufzuhalten. Darüber schreibt der hl. Albertus Magnus: „Vor diesem Opfer weicht der ganze Zorn und jede Entrüstung Gottes."

Und die hl. Theresia von Jesus sagte zu ihren Töchtern: „Was würde aus uns ohne die Heilige Messe? Alles würde zugrunde gehen, denn nur sie kann den Arm Gottes aufhalten".

Ohne die Heilige Messe könnte die Kirche nicht bestehen und die Welt würde verzweifelt verloren gehen. „Ohne die Heilige Messe", sagte der hl. Alfons von Liguori, „wäre diese Welt wegen der Sünden der Menschen schon längst vernichtet."

Und der hl. Leonhard sagte: „Ich glaube, die Welt wäre ohne die Heilige Messe durch die Last ihrer Bosheit schon untergegangen. Die Heilige Messe ist die mächtigste Stütze, die dem Untergang standhält."

Der hl. Laurentius von Brindisi pflegte oft zu sagen: „Die Heilige Messe ist mein Himmel auf Erden!"

Der Wert der Heiligen Messe

In der Todesstunde werden die Heiligen Messen, denen Du beigewohnt hast, Dein größter Trost sein.

Jede Heilige Messe wird Dich zum Richterstuhle begleiten und dort Dein Fürsprecher sein.

Bei jeder Heiligen Messe kannst Du die zeitlichen Sündenstrafen vermindern und dies mehr oder weniger, je nach Deiner Andacht.

Wenn Du andächtig der Heiligen Messe beiwohnst, bezeugst Du dem Gottmenschen die größte Verehrung.

Er ersetzt viele unserer Nachlässigkeiten und Versäumnisse.

Er vergibt Dir alle läßlichen Sünden, wenn Du sie herzlich bereust und entschlossen bist, sie zu vermeiden.

Die Macht des Satans über Dich wird geschwächt.

Du gewährst den Armen Seelen im Fegefeuer die größte Linderung, die möglich ist.

Jede Heilige Messe bringt dem Allmächtigen das höchste Lob, den schönsten Dank, die beste Sühne. Ohne diese Sühne wäre die Welt in ihren Sünden wohl längst untergegangen.

Du bleibst von vielen Gefahren und Missgeschicken verschont, die Dich sonst heimsuchen würden.

Mit jeder Heiligen Messe verkürzest Du Deine Leiden im Fegefeuer.

Jede Heilige Messe vergrößert Deinen Lohn im Himmel.

Du empfängst den Segen eines Priesters, den Gott im Himmel selbst bestätigt.

Du kniest in einer Schar Engel, die diesem erhabenen Opfer mit der größten Ehrfurcht beiwohnen.

Du wirst in Deinen zeitlichen Gütern und Angelegenheiten gesegnet.

Wenn wir der Heiligen Messe beiwohnen, dieses Heilige Opfer zu Ehren eines besonderen Heiligen oder Engels aufopfern und Gott für die Gnaden danken, die er diesem verliehen, so verschaffen wir ihm größere Ehre, Freude und Glückseligkeit und gewinnen seine besondere Liebe und Schutz für uns.

Was ist die Heilige Messe für mich?

Damit wir etwas besser verstehen, was sich bei der Heiligen Messe zuträgt, was dort für uns geschieht, wie wir die Heilige Messe noch andächtiger feiern und Jesus noch würdiger in der Heiligen Kommunion empfangen können, ist es notwendig, unser Glaubensbewußtsein immer wieder aufs Neue zu erwecken und zu vertiefen, auf daß wir besser und tiefer erkennen, daß die Hl. Messe die Quelle und der Höhepunkt unseres christlichen Lebens und Arbeitens ist und bleibt, und in diesem Sinne das Erlösungswerk Christi in uns fruchtbarer und wirksamer werde.

Wie ehre ich Gott in der Heiligen Messe?
Warum sagt uns die Heilige Messe so wenig
und verwandelt uns noch weniger?

Dabei genügt eine einzige Heilige Kommunion,
um uns heilig zu machen!

Eigentlich hätten wir konzentriert und andächtig die Heilige Messe feiern, die Heilige Kommunion empfangen und danach inbrünstig hierfür danken sollen, wie es die Dynamik der Gnade und die Natur der Heiligen Messe und der Heiligen Kommunion verlangt!

Warum steigt das Wort Gottes, das wir hören oder persönlich lesen, nur so schwer in die Tiefen unserer Seele hernieder?

Warum finden wir in ihr nur so selten die Botschaft, die der Vater an seine Kinder richtet?

Warum ermüden wir so schnell bei den verschiedensten Schwierigkeiten und stellen uns unsere Zukunft schwärzer vor, als sie tatsächlich sein wird?

Dies sind die Fragen, auf die wir eine Antwort geben sollen.

Gewöhnlich denken wir so:
Ich war in der Heiligen Messe - alles ist in Ordnung.
Ich habe die Heilige Kommunion empfangen - das genügt.
Ich habe gebetet - was brauche ich mehr?

Vielleicht sind wir zu häufig mit dem „Ich war in der Heiligen Messe" zufrieden. Ich komme, ich bin anwesend, ich gehe ... Dies kann eine reine Gewohnheit sein.

Was wissen wir über das größte Geschenk Gottes?

Wir haben gelernt, daß die Heilige Messe das unblutige Opfer des Neuen Bundes ist, bei dem sich Jesus Christus unter der Gestalt von Brot und Wein ununterbrochen seinem himmlischen Vater darbringt (hingibt).

Die Heilige Messe ist ein wirkliches, wahres und gegenwärtiges Ereignis. Sie ist eine gegenwärtige Realität. Sie ist eine wahrhaftige Realität unserer heutigen Geschichte. Es muß sie geben! Gerade, daß die Messe ein wirkliches, wahres und gegenwärtiges Ereignis ist, erlebt und glaubt man.
Vor allem ist es notwendig, fest und wirklich daran zu glauben, daß die Heilige Messe eine wahrhaftige und gegenwärtige Realität und ein gegenwärtiges Ereignis ist.

Sie ist unsere freudige Begegnung mit dem auferstandenen Christus. Wann immer wir die Heilige Messe feiern, ist Jesus unter uns anwesend und vollzieht sein geheimnisvolles Opfer. In jeder Heiligen Messe opfert er sich für uns auf und zeigt uns seine Liebe. Diese Liebe, die ihn dazu führte, sein Kreuz zu umarmen, es auf den Kalvarienberg zu tragen, um dort unter den größten Schmerzen am Kreuz zu sterben und am dritten Tage von den Toten aufzuerstehen.

„Die Eucharistie ist das größte Gottesgeschenk in der Liebe an die Menschheit. Dieses Geschenk ist Jesus selbst und wir sind diejenigen, die ihn empfangen. Immer, wenn wir die Eucharistie würdig empfangen, erwerben wir eine Anwesenheit Gottes, die noch inniger ist, als wenn wir zurzeit Christi selbst mit ihm hier auf dieser Erde gelebt hätten, weil wir uns durch den Empfang der Eucharistie mit ihm immer mehr vereinigen. Christus ist dann in uns und er ist ein Teil von uns." (O. Robert DeGrandis)

Die Eucharistie, das Sakrament unseres durch Christus am Kreuz vollbrachten Heiles, ist auch ein Lobopfer zur Danksagung für das Werk der Schöpfung. Im eucharistischen Opfer wird die ganze, von Gott geliebte Schöpfung durch den Tod und die Auferstehung Christi dem Vater dargebracht. Durch Christus kann die Kirche das Opfer des Lobes darbringen zum Dank für alles, was Gott in der Schöpfung und in der Menschheit an Gutem, Schönem und Gerechtem getan hat. (Katechismus 1359)

Die Eucharistie ist Opfer der Danksagung an den Vater. Sie ist Lobpreis, durch den die Kirche Gott ihren Dank zum Ausdruck bringt für alle seine Wohltaten: für alles, was er in der Schöpfung, Erlösung und Heiligung vollbracht hat. Eucharistie bedeutet also zunächst Danksagung. (Katechismus 1360)

Die Eucharistie ist auch das Opfer des Lobes, durch das die Kirche im Namen der ganzen Schöpfung Gott verherrlicht. Dieses Lobopfer ist nur durch Christus möglich: Er vereint die Gläubigen mit seiner Person, seinem Lobpreis und seiner Fürbitte, so daß das Lobopfer an den Vater durch Christus und mit ihm dargebracht wird, um in ihm angenommen zu werden. (Katechismus 1361)

Mit der Eucharistie hat Gott uns wirklich alles gegeben. Der hl. Augustinus sagt: „Gott konnte uns in seiner Allmacht nicht noch mehr schenken; in seiner höchsten Weisheit wußte er nicht noch mehr zu geben; aus seinem größten Reichtum hatte er nicht noch mehr zu verschenken."

Eucharistie bedeutet „Gott unter uns". Es ist der gegenwärtige Herr Jesus Christus in den Tabernakeln unserer Kirche. Er ist mit Leib und Blut, Seele und Gottheit gegenwärtig. Es ist der verborgene Jesus in Brotsgestalt, wirklich und physisch in den Heiligen konsekrierten Hostien anwesend, um mitten unter uns zu bleiben, in uns und für uns zu wirken, für uns verfügbar. Der eucharistische Jesus ist der wirkliche „Immanuel" oder der „Gott mit uns". (Mt 1,23).

Pius XII. lehrte: „Das ist der Glaube der Kirche: Das Wort Gottes und der Sohn Mariens, der litt und am Kreuz starb, der in der Eucharistie gegenwärtig ist und im Himmel herrscht, ist ein und derselbe."

Der eucharistische Jesus ist als Bruder und Freund, als Bräutigam unserer Seelen bei uns. Er will in uns eingehen, um unsere Speise für das ewige Leben, unsere Liebe und unser Halt zu sein. Er will sich uns einverleiben, um unser Erlöser und Befreier zu sein, der uns in den Himmel bringt, um uns in die ewige Liebe zu versenken.

Der hl Alfons von Liguori sagte: „Mein Jesus, welche Erfindung Deiner Liebe ist doch dieses heiligste Sakrament, damit Dich jeder, der sich nach Dir sehnt, in der Brotsgestalt entdecken und lieben kann!"

„Die Eucharistie ist wahrhaft der liebende Jesus, daher ist sie das Sakrament der Liebe, ja der Liebe überhaupt; sie enthält den leibhaftigen lebendigen Jesus, als „Gott der Liebe", (Joh 4,8) der uns bis zum Übermaß geliebt hat. (Joh 13,1).

Die Eucharistie beinhaltet alle Ausdrucksmöglichkeiten der Liebe, die höchsten und die tiefsten: Die gekreuzigte Liebe, die einende Liebe, die anbetende Liebe, die kontemplative Liebe, die betende Liebe. ...

- Der eucharistische Jesus ist als gekreuzigte Liebe im Heiligen Messopfer gegenwärtig, wobei er für uns das Opfer seiner selbst erneuert.

- Er ist die einende Liebe, sowohl in der sakramentalen, als auch in der geistigen Kommunion, wobei er mit dem, der ihn empfängt, eins wird.

- Er ist die anbetende Liebe im heiligen Tabernakel, wo er als Sühneopfer den Vater anbetet.

- Er ist die kontemplative Liebe in jeder Begegnung mit Menschen, die wie Maria von Bethanien gerne zu seinen Füßen verweilen. (Lk 10,39)

- Er ist die betende Liebe in immerwährender Fürbitte für uns vor dem Vater. (Hebr 7,25)" (P. Stefano Maria Manelli, „Jesus, die Eucharistische Liebe").

Bei der Heiligen Messe anwesend zu sein, bedeutet, die Begegnung mit dem lebendigen Christus bewußt anzunehmen.

Die Heilige Messe zu feiern, bedeutet, mit Gott persönlich durch Christus, nach dessen eigenen Worten mit Gott in Kontakt zu treten, der uns unendlich liebt, der sich uns in der Heiligen Kommunion schenkt.

Bei der Heiligen Messe dabei zu sein, bedeutet, auch mit den Brüdern und Schwestern Christi und mit der ganzen Kirche vereint zu sein.

Das bedeutet, durch die eigene Entscheidung dabei zu sein, ihm die eigene Liebe und Freundschaft, Treue und vollkommene Hingabe zu zeigen. Mit einem Wort, sich selbst ihm hinzugeben.

Wie erleben wir die Hl. Messe?

Die Heilige Messe ist das größte Geschenk Christi an uns Menschen. Sie ist die größte Kostbarkeit, die wir katholische Christen haben.

Die Eucharistie ist ein gnadenreicher großer Fluß, der unter dem Kreuz hervorquillt. Sie wäscht die sündige Erde rein, reinigt und heiligt die Seele, heilt und rettet sie.

Bei der Hl. Messe anwesend sein, heißt bewußt die Begegnung mit dem lebendigen Christus anzunehmen, persönlich mit Gott durch Christus, nach dessen eigenen Worten, in Kontakt zu kommen, der uns unendlich liebt, der sich uns schenkt in der Hl. Kommunion.

Bei der Hl. Messe dabei sein, heißt auch mit den Schwestern und Brüdern Christi und der ganzen Kirche zusammen zu sein, das heißt, durch eigene Entscheidung dabei zu sein, ihm in Entschlossenheit Liebe, Freundschaft, Treue zu schenken und sich selbst hinzugeben, um so reicher in der Gnade zu sein, sowie auch in allen anderen Tugenden.

Einmal für immer hat unser einziger Hohepriester, Jesus Christus, seinem himmlischen Vater das Opfer seines Lebens am Kreuze dargebracht. Christus hat unmittelbar vor seinem Opfer mit seinen Jüngern das letzte Abendmahl gefeiert.
Er hat seinen Jüngern das geteilte Brot und den Kelch mit Wein gegeben und gesagt:
„Das ist mein Leib --- Dies ist mein Blut …!"

Das war die erste Heilige Messe. Christi Leiden, Tod und Auferstehung ist die reale Erlösung der ganzen Menschheit, denn darin ist die Vergangenheit, Gegenwart und die Zukunft eingebunden.
Deshalb ist das Messopfer auf unseren Altären vor allem die Erinnerung an das letzte Abendmahl und das Opfer am Kreuz.

Das ist keine leere Erinnerung und kein Auffrischen von Erinnerungen an ein Ereignis. Es ist die Vergegenwärtigung des Erlösungsereignisses, das immer wieder erneuert wird und in dem die Kirche dem himmlischen Vater das Opfer seines Sohnes darbringt. So wird auch uns dieses einzige Opfer durch die liturgisch-sakramentale Erneuerung gegenwärtig, es wird unser Opfer, „hier und jetzt", Jesus Christus, der ein für alle Mal sein wahres Opfer der Erlösung dargebracht hat. Das ist ein wahres Opfer, so wie auch der Tod am Kreuz wahr ist.

Das tägliche Feiern der Hl. Messe ist nicht eine Wiederholung des Opfers Christi, sondern seine Vergegenwärtigung. Es bleibt immer das Eine. Es ist die jetzige wahre Gegenwart, ein ewiges Letztes Abendmahl, die Feier der Heiligen Kommunion - in der Gestalt von Brot und Wein. Die Hl. Messe ist das Ostern, denn der auferstandene Jesus Christus ist anwesend. Sie ist auch der Kalvarienberg, weil sie Anteil gibt an den Früchten der Passion und das angefangene Opfer verewigt.

Die Heilige Messe kann aus einem Sünder einen Heiligen machen, aus einem Menschenkind ein Kind Gottes. Die andächtige Feier der Heiligen Messe hilft unruhigen und beladenen Menschen, Frieden zu finden und Kraft zum Leben und so zu einem Menschen voller Segen zu werden.

Die Heilige Messe bringt Licht in jene, die in der Finsternis umherirren. Durch die Heilige Messe dienen wir zugleich unserem Herrn, weil wir uns, unseren Glauben und unser Vertrauen ihm hingeben und er uns somit lehren, verwandeln und verklären kann. Aus der Heiligen Messe entströmen alle Gnaden für die Christen und für die Kirche.

Immer, wenn wir kommen, um die Hl. Messe zu feiern, kommen wir so wie wir sind, jeder mit seinen Gedanken, seinen Gefühlen, Problemen, seinem Jammer, seinem Leiden, seinen Schwierigkeiten, seinen Freunden und seinen Wünschen, jeder mit seinen Angelegenheiten, um zusammen mit unseren ebenso aufrichtigen Brüdern und Schwestern vor Gott zu stehen, um in der Kraft des auferstandenen Christus und mit ihm das zu tun, was er von uns verlangt hat, bis er wiederkommt ...

Über allem und vor allem ist es wichtig, daß wir alle mit unserem Wesen, dem Körper und der Seele, unserem Glauben, Vertrauen und unserer Liebe bewußt, aktiv, demütig und andächtig uns ganz Christus überlassen und an der Hl. Messe teilnehmen, das heißt, die Hl. Messe feiern.

In der Hl. Messe gibt Christus uns die Gelegenheit, ihm persönlich zu begegnen. Wir begegnen ihm nicht nur im geistigen Sinn, sondern auch sichtbar. Immer, wenn wir seinen Leib und sein Blut empfangen, denn Christus ist wirklich anwesend unter den Gestalten von Brot und Wein, begegnen wir ihm.

Das ist für uns ein Geheimnis, aber eine wahre Wirklichkeit. Wir können sagen, daß das Feiern der Hl. Messe unmöglich ist, ohne persönlich dabei zu sein, ohne unseren Glauben, mit dem wir an unserer Erlösung teilnehmen und uns zugleich öffnen, damit sie in uns wirksam werden kann.

Es ist vor allem wichtig, Christus zu vertrauen. An all das zu glauben, was er für uns getan hat. An all das zu glauben, was er versprochen hat; zu glauben, daß er sein Versprechen, immer mit uns zu sein, erfüllt hat.

So ist es auch natürlich, daß jeder Gläubige, der die Vergegenwärtigung des Opfers und Kreuzes Christi feiert, Gast am Abendmahltisch des Herrn wird.

Die Hl. Messe zu feiern und nicht zu kommunizieren heißt, einen Freund am Namenstag zu besuchen und nichts zu essen von dem, was er anbietet. Hungrig sich an den Tisch setzen und nichts nehmen wollen. Die Hl. Kommunion ist ein Teil der Hl. Messe.

Die Kirche betrachtet die Hl. Kommunion als etwas, das zur Hl. Messe dazugehört. Wenn jemand glaubt, daß er im Zustand einer schweren Sünde sei, dann ist es notwendig, vor der Hl. Kommunion zu beichten. Wenn man aber keine größere Last auf der Seele hat, dann genügt es, während dem gemeinsamen Sündenbekenntnis am Anfang der Hl. Messe vollkommen zu bereuen.

Erlauben wir doch, daß immer, wenn wir die Hl. Messe feiern, die ganze Liebe Christi in uns fließt und damit alle Früchte seines Lebens, seines Leidens, seines Todes und seiner Auferstehung in uns wirksam werden.

In Christus hat unser himmlischer Vater die Welt umarmt und liebt sie. Mit jeder Hl. Messe, diesem großen allmächtigen Geschenk, umarmt und liebt uns Gott von neuem mit seiner Liebe. Uns allen, die wir ihn feiern, schenkt er durch die Hl. Messe seine Gnaden und verteilt an uns seine unendlichen Gaben.

So sei jede Hl. Messe immer auch unsere größte Gabe des Dienens vor unserem Gott. Werden wir von neuem aktiver und heiliger, vertiefen und entdecken wir alle Gaben und Gnaden, welche uns gegeben werden. Tragen wir in dieses Fest unser eigenes Leben und alles was wir haben hinein.

Wir dürfen nie vergessen, mit dem Wasser im Kelch all unsere Sünden auf den Altar zu bringen, damit Jesus sie reinigt, all unsere Opfer, Leiden, Probleme, Wünsche, Gebete …
damit Jesus alles annimmt, heiligt und aus uns neue Menschen macht, uns erlöst und errettet …

Wie können wir aktiv die Messe feiern

Die unendliche Größe des Messopfers läßt uns ahnen, wie aufmerksam und andächtig die Mitfeier des Opfers Jesu sein müßte. Anbetung, Liebe und Reueschmerz müßten uns ununterbrochen erfüllen. Papst Pius XII. beschrieb mit wunderbaren Worten, in welcher inneren Verfassung die Heilige Messe mitgefeiert werden müßte: „In derselben inneren Haltung, die der göttliche Erlöser hatte, da er sich als Opfer hingab: In demütiger Unterwerfung des Geistes; das bedeutet in Anbetung, Liebe, Lob und Dank der höchsten Majestät Gottes gegenüber..., sich selber als Opfergabe bereiten, sich nach der Forderung des Evangeliums selbst verleugnen, gewollte und spontane Werke der Buße übernehmen, Reue und Sühnebereitschaft über die eigenen Sünden erwecken."

Fragen wir uns ehrlich: Ist das wirklich die innere Haltung, in der wir die Heilige Messe mitfeiern? Sind das die Nutzen, die wir aus der Heilige Messe ziehen?

Die wahre und aktive Beteiligung an der Heiligen Messe verwandelt uns selbst in ein Opfer der Hingabe wie Jesus und will uns „die schmerzhaften Züge Jesu einprägen" (Pius XII.) „wodurch wir am Leiden Christi Anteil haben und seinem Sterben gleichförmig werden" (Phil 3,10).

Der hl. Gregor der Große lehrte: „Unser Messopfer wird erst dann von Gott als wahres Opfer angenommen, wenn wir selber zur Opfergabe werden." Aus diesem Grund zogen die Christen der Urkirche mit dem Papst an der Spitze in Bußgewändern in Prozession zur Messfeier, während sie die Allerheiligenlitanei sangen. Beim Kirchgang sollten wir mit dem Apostel Thomas wiederholen: „Auch wir gehen mit ihm in den Tod" (Joh 11,16).

Als die hl. Margareta Maria Alacoque bei der Heiligen Messe war und auf den Altar blickte, sah sie immer das Kreuz und die brennenden Kerzen an, um sich zwei Dinge gut einzuprägen:

Das Kruzifix erinnerte sie an das, was Jesus für sie getan hat, die brennenden Kerzen mahnten sie an das, was sie für Jesus tun sollte, nämlich sich für ihn und die Menschen aufopfern und verzehren.

Der hl. König Ludwig IX. von Frankreich feierte täglich am bloßen Boden kniend die Heilige Messe mit. Ein Page bot ihm einmal eine Kniebank an, aber der König sagte: „Bei der Hl. Messe opfert sich Gott, und wenn Gott sich hingibt, müssen sich auch Könige auf den Boden hinknien."

Der hl. Johannes Bosco empfahl den Jungen, die Hl. Messe wie der hl. Leonhard von Porto Maurizio mitzufeiern, der den Opferteil der Heiligen Messe in drei Phasen betrachtete: Das Leiden Jesu (von der Opferung bis zur Wandlung); unsere Sünden als Ursache für das Leiden und Sterben Jesu (bis zur Kommunion); den Vorsatz, ein reines und gutes Leben zu führen (von der Kommunion bis zum Schluß der Messe).

Um das in einfacher Form erfolgreich zu üben, braucht man nur aufmerksam dem Priester am Altar zu folgen. Damit ist man auch weniger zerstreut und gelangweilt (und sucht am Sonntag nicht die kürzeste Messe, wie manche es tun).

Einmal fragte der Vater seinen Sohn Guido Fontgalland, wie er die ganze Zeit während der Messe verbringen solle. „Während der Heiligen Messe braucht man nur dem Geschehen zu folgen. Man liest mit dem Priester die Gebete, die er am Altar verrichtet...", antwortete der Heilige Junge.

Dieselbe Antwort gab der hl. Papst Pius X. als man ihn fragte, welche Gebete man während der Heiligen Messe beten solle: „Folgt der Heiligen Messe, betet die Messtexte mit!"

Das beste Vorbild für die Mitfeier des Heiligen Opfers ist Maria, unsere Miterlöserin. Auch der Evangelist Johannes, die hl. Magdalena und die Frauen am Fuß des Kreuzes sind Vorbilder.

Einer Heiligen Messe beiwohnen bedeutet, am Kalvarienberg anwesend sein. Papst Johannes Paul II. sagte einmal wunderbar schlicht zu den Jugendlichen: „Zur Messe gehen bedeutet, nach Kalvaria gehen, um sich mit unserem Erlöser zu treffen."

- Die Mitfeier der Heiligen Messe ist eine liebende und schmerzliche Begegnung mit dem gekreuzigten Jesus.

Ein geistiger Sohn fragte einmal den hl. Pater Pio: „Pater, wie sollen wir die Heilige Messe mitfeiern?" Der Pater antwortete: „Wie die Muttergottes, der hl. Johannes und die Frauen am Kalvarienberg, in Liebe und Mitleiden."
Auf das Messbuch eines geistigen Sohnes schrieb der hl. Pio: „Konzentriere Dich bei der Mitfeier der Heiligen Messe ganz auf das furchtbare Geheimnis, das vor Deinen Augen geschieht: >>Die Erlösung Deiner Seele und die Versöhnung mit Gott<<".
Ein anderes Mal fragte ihn jemand: „Pater, warum weinen sie während der Heiligen Messe so sehr?" Darauf antwortete der Pater: „Meine Tochter, was bedeuten schon die paar Tränen gegenüber dem Geschehen am Altar, Ströme von Tränen müßten wir vergießen!"
- Und einmal sagte ihm jemand: „Pater, wie sehr müssen Sie leiden, da Sie während der ganzen Messe auf den blutenden Wunden ihrer Füße stehen." Darauf der Pater: „ Während der Messe stehe ich nicht, da hänge ich".
- Welche erschütternde Antwort! Die zwei Worte „ich hänge" sind ein lebendiges Zeugnis fürs „Mitgekreuzigtsein mit Christus", wovon der hl. Paulus schrieb (Gal 2,19).
Das unterscheidet die wirkliche Teilnahme an der Heiligen Messe vom leeren, müßigen, lauen „Nur - anwesend - sein".

Im Leben des hl. Benedikt liest man eine wunderschöne, kleine Episode. Einmal hörte der hl. Benedikt bei der Heiligen Messe gleich nach dem Wandlungswort: „Das ist mein Leib" eine Antwort aus der eben konsekrierten Hostie: „Es ist auch Dein Leib, Benedikt!"

Die hl. Bernadette Soubirous sagte sehr richtig zu einem Neu-priester. „Erinnere Dich, daß der Priester am Altar immer der ge-kreuzigte Jesus ist."

- Und der hl. Petrus von Alcantara kleidete sich zur Messfeier, wie wenn er den Kalvarienberg besteigen würde, denn jedes Stück der liturgischen Gewänder hat einen Bezug zum Leiden und Sterben Jesu. Die Albe erinnert an die weiße Tunika, die Herodes Jesus als Narrenkleid anziehen ließ; das Zingulum er-innert an die Geißeln, die Stola an die Fesseln, die Tonsur an die Dornenkrone, die kreuzförmige Kasel an das Kreuz auf den Schultern Jesu.

- Wer bei der Heiligen Messe des hl. Pater Pio dabei sein durfte, erinnert sich an seine heißen Tränen, an seinen eindringlichen Aufruf an die Anwesenden, die Heilige Messe auf den Knien mit-zufeiern, an die beeindruckende Stille während des Hl. Ritus, an den tiefen Leidensausdruck im Gesicht von P. Pio, wenn er sich die Wandlungsworte gewaltsam Silbe für Silbe entreißen mußte, an die tiefe Sammlung und Stille der Gläubigen, die den Raum er-füllte, während über eine Stunde lang viele Rosenkränze durch ihre Finger glitten.

Der leidende Mitvollzug der Heiligen Messe von P. Pio ist bei allen Heiligen festzustellen. Seine Tränen waren dieselben wie jene des hl. Franziskus von Assisi, (die manchmal blutig waren), wie die Tränen des hl. Vinzenz Ferreri, des hl. Ignatius, des hl. Filipp Neri, des hl. Laurentius von Brindisi (der manchmal sieben Taschentücher mit Tränen durchnäßte), der hl. Veronika Giuliani, der hl. Gemma...

Wie könnte man in Gegenwart der Kreuzigung und des Todes Jesu auch gleichgültig sein? Wir dürfen nicht wie die schlafenden Apostel im Ölgarten sein, und noch weniger wie die Soldaten unter dem Kreuz, die an ihr Würfelspiel dachten, sich um die furchtbaren Todeskämpfe des sterbenden Jesus nicht kümmerten.

Auch der hl. Don Bosco beklagte sich erbittert über viele Christen in der Kirche, „die willentlich zerstreut, ohne Anstand und Aufmerksamkeit ehrfurchtslos herumstehen, ihre Blicke umherschweifen lassen… Diese feiern nicht das Kreuzesopfer wie Maria und Johannes mit, sondern wie die Juden, würden sie Jesus neuerdings kreuzigen!"

Schauen wir auf Maria und die Heiligen. Ahmen wir sie nach. Nur wenn wir ihnen nachfolgen, sind wir auf dem rechten Weg, „der Gott gefällt". (P. S. M. Manelli)

Große Heilige über die Heilige Kommunion

„Ich halte es für gewiß, daß eine einzige Heilige Kommunion genügen würde, um uns reich zu machen, wenn wir mit starkem Glauben und mit großer Liebe hinzutreten würden!"

„Oh, wie werden sich die Menschen einmal wundern, daß der Heiland, der sich so unscheinbar in der Heiligen Hostie verbirgt, derselbe Heiland ist, der einst auf den Wolken des Himmels mit großer Macht und Herrlichkeit kommen wird, um die Lebenden und die Toten zu richten". (Hl. Pater Pio)

„Wenn Jesus während der Zeit seines Erdenwandels die Kranken dadurch gesund machte, daß sie bloß seine Kleider berührten, können wir denn dann zweifeln, daß ER da, wo ER uns so innig gegenwärtig ist, auch an uns Wunder wirken werde, wenn wir Glauben haben? Können wir zweifeln, daß ER uns geben wird, um was wir Ihn bitten, wenn ER in unserem Haus wohnt? Wahrlich, Seine Majestät pflegt die Herberge bei uns nicht schlecht zu bezahlen, wenn wir IHN gut bewirten!" (Hl. Theresia von Avila)

Hl. Johannes Chrysostomus sagte, daß die Heilige Messe den ganzen himmlischen Hof erfreut, alle Armen Seelen des Fegefeuers erquickt, alle Segnungen auf die Erde herabzieht. Und Gott mehr Ehre erweist als die Leiden aller Märtyrer, als die Bußübungen aller Einsiedler, als alle Tränen, die seit Anbeginn der Welt vergossen haben, und als alles, was sie noch bis zum Ende der Welt tun werden.
Und warum? Der Grund dafür ist ganz klar: alle die Handlungen werden von mehr oder weniger schuldigen Sündern verrichtet; während es im Hl. Messopfer ein seinem Vater ebenbürtiger Gottmensch ist, der ihm das Verdienst seines Todes und Leidens aufopfert. Alle diese Werke sind Werke der Menschen und die Hl. Messe ist das Werk Gottes.

Das Martyrium ist das Opfer, das der Mensch Gott mit seinem Leben darbringt. Die Messe ist das Opfer, das Gott für den Menschen mit seinem Leib und Blut darbringt.

Der hl. Pfarrer von Ars
„Alles, um was Ihr den Vater in Meinem Namen bitten werdet, wird Er Euch geben!" Niemand aber hätte wohl je daran gedacht, Gott um seinen eigenen Sohn zu bitten. Aber was der Mensch zu denken und zu erbitten nicht hätte wagen können, das hat Gott gegeben. Würden wir je gewagt haben, Gott zu bitten, Er möge seinen Sohn für uns sterben lassen, um uns mit dessen Fleisch zu speisen und mit dessen Blut zu tränken? Aber Gott selbst hat es in seiner unendlichen unbegreiflichen Liebe so angeordnet. Wahrlich, so konnte wirklich nur Gott, der die Liebe selber ist, handeln!"

„O meine Seele, wie groß bist Du! Nur Gott kann Dich also sättigen und befriedigen. Die Nahrung unserer Seele ist das Fleisch und Blut eines Gottes! O herrliche Nahrung! Wahrlich, wenn man das bedenkt, sollte man sich für alle Ewigkeit in diesen Abgrund der Liebe versenken!"

„Wie glücklich ist doch die Seele, die sich in der Heiligen Kommunion mit ihrem Heiland vereinigen darf!"

So viel gilt die Feier der Hl. Messe
wie der Tod Christi am Kreuze.
(Hl. Joh. Chrysostomus)

Nach der Heiligen Wandlung ist der liebe Gott da wie im Himmel ... Wenn der Mensch dieses Geheimnis gut kenne, stürbe er vor der Liebe. Gott schont uns wegen unserer Schwäche.
(Der hl. Pfarrer vor Ars)

Wenn Ihr also den Herrn in der Heiligen Kommunion empfangen habt, dann richtet Eure Aufmerksamkeit auf ihn selber, versucht, die Augen des Leibes zu schließen, die der Seele zu öffnen und in Euer Herz zu blicken.

Ich sage Euch und wiederhole es noch einmal, ja ich möchte es Euch immer wieder sagen: Wenn Ihr Euch dies zur festen Gewohnheit macht und Euch jedes Mal, wenn Ihr die Heilige Kommunion empfangt, ihm zuwendet, dann wird er Eurer Seele gar nicht so verhüllt bleiben, wenn er kommt.

Sorgt Euch um ein reines Gewissen, damit Euch erlaubt wird, das höchste Gut oft zu empfangen! In dem Maße, wie wir uns danach sehnen, ihn zu erfahren, wird er sich zu erkennen geben, und zwar, wie ich schon sagte, auf vielerlei Weise. Ja, eine so tiefe Sehnsucht kann in Euch wach werden, daß er sich Euch sogar ganz enthüllt. (Hl. Teresa von Avila)

Die Anweisungen der Hl. Maria Magdalena von Paci für den Kommunionempfang: „Hütet Euch, aus Gewohnheit oder Zufall zur Hl. Kommunion zu gehen, sondern geht mit wirklicher (aktueller) Andacht!"

Erinnert Euch, daß Gott die Liebe ist und daß er sich aus Liebe mit den Seelen mittels dieser Liebesspeise vereinigen will! Sorgt dafür, daß Ihr mit dem Gefühl der Demut und im Bewußtsein Eurer Nichtigkeit zur Hl. Kommunion geht! Nehmt Eure Zuflucht zum Blut Christi und zu seiner Passion!

Denkt daran, was es unsagbar Großes ist, daß wir armseligen Geschöpfe die Fähigkeit haben, Gott selbst in uns aufzunehmen! Nochmals sei es gesagt: Welche Reinheit müßte doch unser Herz haben, wenn wir die Quelle der Reinheit empfangen! Gott überläßt sich uns aus lauter Liebe, aber Er erwartet, daß wir Ihn ebenfalls zu empfangen suchen mit einem großen Affekt der Liebe und Dankbarkeit!

Sucht, bevor Ihr die Hl. Kommunion empfangt, eine kurze Zeit lang noch einzudringen in die Wahrheit, daß es Gott ist, den Ihr empfangt, denn die Fruchtlosigkeit des Empfangs dieser göttlichen Speise kommt meist von dem zu geringen Beachten dieses Eindringens in das Große, das man unternimmt, nämlich Gott selbst zu empfangen.

Was ist die Heilige Kommunion? - Jesus in mir

Die Heilige Kommunion ist das Sakrament, in dem wir den wahren und lebendigen Leib unseres Herrn Jesus Christus unter der Gestalt von Brot und Wein, als Nahrung für das ewige Leben empfangen.

Dieses Sakrament hat Jesus am Gründonnerstag eingesetzt. Er liebte die Seinen so sehr, daß er Ihnen an diesem Tag beim Abendmahl die Füße wusch und ihnen das Gebot der Liebe gab. Dann nahm er Brot, sprach das Dankgebet und reichte es ihnen mit den Worten: „Das ist mein Leib, der für Euch hingegeben wird. Tut dies zu meinem Gedächtnis!" Ebenso nahm er nach dem Mahl den Kelch und sagte: Dieser Kelch ist der neue Bund in meinem Blut, das für Euch vergossen wird!" (Lk 22, 19-20).

Immer, wenn wir Jesus in der Heiligen Kommunion empfangen, vereinigt Er sich mit uns. Die Heilige Kommunion vergrößert in uns die Gnade und gibt uns die Kraft, daß wir als Kinder Gottes leben können.

Die Heilige Kommunion kann jeder Katholik empfangen:

- der getauft und im katholischen Glauben unterwiesen ist;
- jeder, der glaubt, daß er in der Heiligen Kommunion, unter der Gestalt von Brot und Wein, den wahren und lebendigen Leib Christi empfängt, der wahrer Gott und wahrer Mensch ist;
- jeder, der ohne schwere Sünden ist und eine Stunde vor der Heiligen Kommunion nichts gegessen und keinen Alkohol getrunken hat.

In der Hl. Kommunion empfangen wir wahrlich Jesus, unseren Heiland und er wird ganz mein mit Fleisch und Blut, mit Seele und Gottheit. Was für eine Gnade für jeden, der daran glaubt und versucht, aus diesem Glauben zu leben.

Tut dies zu meinem Gedächtnis

Die heiligen Väter lehren, daß uns während dieser Zeit die heiligen Engel umgeben, um Jesus ununterbrochen anzubeten und zu lieben. Der hl. Bernard schrieb: Wenn Jesus in uns physisch gegenwärtig ist, halten Engel um uns die Liebeswache!"

Alle Heiligen waren vom Wunder Gottes der Begegnung und Vereinigung mit dem eucharistischen Herrn sehr ergriffen und wußten, Ihm zu gehören und Ihn zu besitzen: „Wer mein Fleisch isst und mein Blut trinkt, bleibt in mir und ich bleibe in ihm" (Joh 6,56).

Die hl. Gemma schrieb einmal: „Es ist Nacht und es naht der Morgen, da werde ich Jesus gehören und er wird mir gehören." Es gibt keine tiefere und totalere Einheit der Liebe: Er in mir und ich in Ihm. Einer im anderen, was könnte man sich noch mehr wünschen?

„Ihr beneidet die Frau, welche das Kleid Jesu berührte", sagte der hl. Johannes Chrysostomus, „und die Sünderin, welche die Füße Jesu mit ihren Tränen benetzte; die Frauen von Galiläa, die das Glück hatten, ihm auf seinen Wanderwegen zu folgen, die Apostel und die Jünger, mit denen er freundschaftlichen Umgang pflegte, das damalige Volk, das die Worte des Heils aus seinem Mund vernahm. Ihr preist jene glücklich, die ihn sahen... Kommt doch zum Altar, und Ihr werdet ihn sehen und berühren... Ihr könnt ihn küssen und mit euren Tränen benetzen, Ihr dürft ihn in eurem Innersten tragen wie die Heiligste Jungfrau Maria."

Darum bezeichnen die Heiligen die Heilige Kommunion als „Paradies auf Erden". Sie haben die Heilige Kommunion mit sehnsüchtiger Liebe begehrt.
Die hl. Katharina von Genua träumte einmal, sie könnte am nächsten Morgen nicht die Heilige Kommunion empfangen. Darüber empfand sie solchen Schmerz, daß sie untröstlich weinte; und als sie am Morgen erwachte, war ihr Gesicht noch tränennass und ganz verweint.

Die hl. Theresia vom Kinde Jesu schrieb ein kleines eucharistisches Gedicht mit dem Titel: „Sehnsucht vor dem Tabernakel", worin sie unter anderen köstlichen Aussagen schreibt: „Ich möchte der Kelch sein, in dem ich das göttliche Blut anbete. Aber auch ich kann im Hl. Opfer jeden Morgen dieses Blut in mich aufnehmen. Daher ist meine Seele Jesus lieber als der kostbarste Kelch." Wie groß war die Freude dieser engelgleichen Heiligen, als ihr während einer Epidemie die tägliche Kommunion erlaubt wurde.

Die Heiligen haben viel gelitten, wenn sie nicht regelmäßig die Heilige Kommunion empfangen konnten. Für einige war ein Tag ohne die Heilige Kommunion ein Tag ohne Sonne.

Der hl. Philipp Neri war ein so großer Verehrer der Eucharistie, daß er täglich die Heilige Kommunion empfangen wollte und wenn sie ihm nicht am frühen morgen gebracht wurde, war er unruhig und fand keine Ruhe mehr: „Ich habe so große Sehnsucht nach Jesus, daß ich keinen Frieden finde und sein Kommen kaum erwarten kann."
Dasselbe geschah mit dem hl. Pater Pio. Nur im Gehorsam konnte seine ungeduldige Erwartung gezähmt werden, bis er um vier oder fünf Uhr früh endlich die Heilige Messe feiern konnte. Die Liebe Gottes ist wirklich ein „verzehrendes Feuer" (Dt 4,24).

Die Heilige Kommunion ist etwas unbeschreiblich kostbares, sie bringt den ganzen Himmel in unser unwürdiges Herz. Sie vereinigt uns mit Jesus. Deshalb ist eine Heilige Kommunion viel mehr als eine Ekstase oder eine Vision.

Die Heilige Kommunion ist für die Armen Seelen das größte Geschenk, das wir ihnen machen können. Niemand ahnt, wie viel die Hl. Kommunion zu ihrer Befreiung beiträgt. Einmal erschien der hl. Maria Magdalena von Pazzi ihr verstorbener Vater und sagte ihr, er brauche 107 Kommunionen, um aus dem Fegfeuer erlöst zu werden. Während der letzten von diesen 107 Kommunionen sah die Heilige ihren Vater in den Himmel schweben.

Der hl. Bonaventura verkündete diese Wahrheit: „Ihr Christen, wollt Ihr zeigen, daß Ihr Eure Verstorbenen wirklich liebt? Wollt Ihr Ihnen die wirksamste Hilfe und den goldenen Schlüssel zum Himmel schicken, dann opfert oft die Heilige Kommunion für Ihre Seelenruhe auf."

Schließlich überlegen wir noch, daß wir in der Heiligen Kommunion nicht nur mit Jesus eins werden, sondern auch mit allen Gliedern seines mystischen Leibes, ganz besonders aber mit jenen, die Jesus besonders lieb sind und die uns am liebsten sind. Der hl. Paulus schreibt: „Es ist nur ein Brot. Darum sind wir viele ein Leib; denn wir alle haben teil an dem einen Brot". (1.Kor 10,17), an der Kommunion, bei der sich jedes Mal das Wort Jesu verwirklicht: „Ich in ihnen... damit sie in der Einheit vollendet seien" (Joh 17,23).

Die Eucharistie macht uns auch als seine Glieder untereinander „eins", „Einer in Christus", wie Paulus sagt (Gal 3,28). So ist die Kommunion wirklich die ganze Gottes- und Nächstenliebe. Sie ist ein wahres „Fest der Liebe", wie die hl. Gemma Galgani sagte.

Für die Heilige Kommunion ist die Reinheit des Herzens sehr wichtig

Die Heiligen zeigen uns, wie sie Jesus mit der Anbetung und der Liebe in tiefer Demut empfangen haben. Viele von ihnen sind jeden Tag zur Beichte gegangen.
Der hl. Paulus sagte: „Jeder prüfte ...(1.Kor 11,28)
Sich prüfen, bereuen, sich anklagen, um Vergebung bitten, auch täglich das Bußsakrament in Anspruch zu nehmen, das war für die Heiligen selbstverständlich. Glücklich, wer das kann.

Der hl. Antonius Maria Claret erklärte das sehr gut: „Wenn wir zur Kommunion gehen, empfangen wir alle denselben Herrn Jesus Christus, aber nicht jeder bekommt dieselben Gnaden, und nicht in jedem hat sie dieselbe Wirkung. Das hängt von der jeweils guten oder weniger guten Vorbereitung ab. Hier hilft ein natürlicher Vergleich mit dem Pfropfreis, beim Veredeln eines Baumes. Je ähnlicher sich die Pflanzen sind, desto besser ist das für den Pfröpfling. Je mehr der Kommunizierende Jesus gleicht, desto reicher sind die Früchte der Heiligen Kommunion." Gerade das Bußsakrament ist das beste Mittel, die Ähnlichkeit mit Jesus wieder herzustellen.

Daher lehrt der hl. Franz von Sales seine geistigen Kinder: „Beichtet andächtig und demütig... wenn möglich vor jeder Kommunion, auch wenn Euch das Gewissen über keine schwere Sünde anklagt."

Es ist sehr wichtig und gut, an die Lehre der Kirche zu erinnern. Die Kommunion kann man nur im Stand der Gnade empfangen. Daher muß, wer in schwerer Sünde ist, auch wenn er bereut hat und große Sehnsucht nach der Kommunion hat, auf jeden Fall vor der Heiligen Kommunion zur Beichte gehen, ansonsten begeht er ein schweres Sakrileg.

Darüber sagte Jesus zur hl. Brigitta: „Auf Erden gibt es keine Strafe, womit eine solche Sünde gesühnt werden kann!" Und der hl. Ambrosius sagte: „Sie kommen mit wenigen Sünden in die Kirche und gehen mit vielen fort."

Der hl. Cyrillus schrieb noch eindringlicher: „Wer sakrilegisch kommuniziert, empfängt Satan und Jesus Christus in seinem Herzen; Satan, um die Herrschaft zu übernehmen, und Jesus, um als Gekreuzigter Satan geopfert zu werden".

Hingegen ist die Beichte vor der Kommunion für Menschen, die im Stand der Gnade sind, nicht notwendig, aber wertvoll und nützlich, um ihre Seele reiner und noch schöner zu machen. Die Hl. Beichte bekleidet die Seele mit einem „hochzeitlichen Gewand" (Mt 22,14).

Daher suchten feinfühlende Menschen sehr häufig die sakramentale Lossprechung auch für läßliche Sünden und Fehler. Wenn man, um Jesus zu empfangen, eine höchstmögliche Herzensreinheit erstreben soll, dann ist das nur in der Beichte möglich durch das Bad im Blut Jesu, welches die Seele hell und schön macht.

Die hl. Maria Magdalena von Pazzi sagte: „Wenn die Seele das göttliche Blut empfängt, wird sie sehr schön, als ob sie mit dem kostbarsten Kleid geschmückt wäre, und so leuchtend, daß Ihr sie beinahe verehren möchtet, wenn Ihr sie sehen könntet".

Bereiten wir uns mit Maria vor auf die Heilige Kommunion und danken wir zusammen mit Ihr Jesus.

Die beste Vorbereitung auf die Heilige Kommunion macht man zusammen mit Maria.

Niemand kann uns besser helfen als Maria.

Sie ist bei ihrem Sohn unsere mächtige Fürsprecherin, weil sie als seine Mutter für uns eintritt. Sie ist die Zuflucht der Sünder, der Trost der Betrübten, das Heil der Kranken und Schwachen.

Sie ist die Hoffnung aller, die verzweifelt sind und die ihrem Sohne Jesus Christus nachfolgen.

Gott hat sie mit einer übergroßen Fülle an Güte überschüttet, so daß uns alles Gute durch Maria kommt.

Sie öffnete sich Gott vollkommen. Sie stellte ihm ihr ganzes Leben zur Verfügung und glaubte daran, daß sich alles erfüllen werde, was ihr Gott verheißen hat.

Die selige Jungfrau Maria war und ist uns allen ein Beispiel und Vorbild im Glauben, im Vertrauen, im Gebet und in der Dankbarkeit auf dem Weg unserer Christusnachfolge geblieben.

Sie glaubte fest und stark, mit vollkommenem Vertrauen und mit Zuversicht an Gott, ohne Zweifel. Sie vertraute Gott. Sie wußte, daß Gott mit ihr seinen großen Plan hat und sie wollte ihn verwirklichen. Sie machte alles, was Gott von ihr wünschte, weil das für sie das Beste war. Ihr ganzes Leben war ein Gebet. Sie war Gott unendlich dankbar für alles! Lernen wir das von unserer Mutter!

Sie hat uns Jesus gegeben, der unser Leben ist. Sie wird uns auch die letzte Gnade der Beharrlichkeit erbitten, die uns aus diesem Tal der Tränen in die ewige Glückseligkeit bringen wird. Sie, die göttliche Mutter, unsere Miterlöserin, weiß gut wie Sie uns reinigen und vorbereiten soll, indem Sie uns mit ihren Tugenden bekleidet um Jesus somit die größte Freude zu bereiten.

Besonders schön und empfehlenswert ist die Danksagung zusammen mit Maria. Auch wir tragen gleich nach der Heiligen Kommunion Jesus in uns, ähnlich wie Maria nach der Verkündigung. Wir können Jesus nicht besser anbeten und lieben, als wenn wir uns mit der Gottesmutter verbinden und uns ihrer Anbetung und Liebe zu Jesus anschließen, den sie in ihrem reinen Schoß trug.

Maria ist unsere Mutter und die Mutter Jesu und damit ist sie die beste Vermittlerin zwischen uns und Ihrem Sohn Jesus. Der hl. Pfarrer von Ars sagte: „Maria steht immer zwischen ihrem Sohn und uns".

Wenn wir mit ihr zu Jesus beten, wenn wir Ihn mit ihrem Herzen anbeten und lieben, werden unsere Gebete, unsere Anbetung und Liebe gereinigt und geheiligt.

Der hl. Maximilian M. Kolbe sagte, wenn wir etwas der Immakulata anvertrauen, reinigt sie alles, bevor sie es Jesus weitergibt.

Lassen wir unsere Danksagung nach der Hl. Kommunion durch das Herz der Immakulata fließen, sie wird sie in einen reinen Lobgesang der Liebe verwandeln.

Um dieses Ziel zu erreichen, kann das betrachtende Rosenkranzgebet, besonders der freudenreiche Rosenkranz, hilfreich sein. Verschiedene Heilige raten uns, diesen zu beten.

Wer kann schon die Gottheit Jesu gebührend erkennen, anbeten, lieben und sich in sie hineinnehmen lassen, wie Maria bei der Verkündigung? Wer kann schon Jesus lebendig in sich tragen und mit ihm zutiefst in Anbetung und Liebe vereint bleiben, wie Maria im Geheimnis der Heimsuchung? Wer ist so sehr von

Jesus erfüllt, daß er ihn gebären und an andere weiterschenken kann, wie Maria in der Grotte von Betlehem?

Versuchen wir es; wir können durch die Verbindung mit Maria nur lernen, Jesus mit dem Herzen der Mutter zu lieben.

Die Danksagung nach der Hl. Kommunion ist sehr wichtig. Wer Jesus liebt und mit festem, lebendigem Glauben ihn empfängt, spürt große Sehnsucht, ihm für diese Gnade zu danken. Die Zeit der Danksagung nach der Heiligen Kommunion ist eine Zeit der innigen, persönlichen Liebe mit Jesus, der Liebe, die sich gegenseitig verschenkt, des „Einsseins" an Leib und Seele, einer Liebe, die ineinander überfließt und Einheit schafft. Er in mir und ich in Ihm. So verzehrt sich Liebe in Einheit und Einmaligkeit.

„Selig, die zum Hochzeitsmahl des Lammes geladen sind", lesen wir in der Offenbarung (19,9). So ist die Danksagung eine kleine Erfahrung des Himmels auf Erden. Wie sollten wir im Himmel Jesus anders lieben, als ewig mit Ihm eins zu sein? - Guter, liebenswürdiger Jesus, wie müssen wir Dir für jede Heilige Kommunion, die Du uns gewährst, danken! Die hl. Gemma sagte mit Recht, daß sie Dir im Himmel für die Heilige Eucharistie am meisten danken will. Welches Wunder der Liebe ist es doch, ganz mit Dir, Jesus, zu verschmelzen!

Der hl. Kirchenvater Cyrill von Alexandrien vergleicht die Liebeseinheit mit Jesus in der Heiligen Kommunion mit drei Bildern: „Wer kommuniziert, ist in ähnlicher Weise geheiligt und wird an Leib und Seele „gottähnlich", wie Wasser über dem Feuer kochend wird...
Die Kommunion wirkt wie Sauerteig im Mehl, er durchsäuert die ganze Masse...
Ich glaube, wer sich vom Fleisch und Blut Jesu nährt, ist dadurch mit ihm so eins, daß er in Christus - und Christus in ihm lebt, ähnlich wie zwei zusammengeschmolzene Kerzen miteinander verwachsen sind."

Mit Staunen sprach die hl. Gemma Galgani über die eucharistische Einheit: „Jesus ist alles, ich bin nichts", und sie rief begeistert aus: „Welche Wonne ist doch Jesus in der Kommunion! In Deiner Umarmung will ich leben, in Deiner Umarmung will ich sterben". - Und der selige Contardo Ferrini schrieb: „Die Kommunion! Welche wonnesame Umarmung des Schöpfers mit seinem Geschöpf! O unaussprechliche Erhebung des menschlichen Geistes! Was könnte die Welt bieten, das mit dieser reinen himmlischen Freude, mit diesen Kostproben ewiger Seligkeit vergleichbar wäre?"

Man sollte auch den trinitarischen Wert der Heiligen Kommunion bedenken. Einmal kniete die hl. Maria Magdalena von Pazzi nach der Kommunion mit gekreuzten Armen bei den Novizinnen. Sie erhob die Augen zum Himmel und sagte: „Schwestern, o könnten wir begreifen, daß Jesus, solange die Brotsgestalt dauert, da ist und unzertrennlich mit dem Vater und dem Heiligen Geist wirkt, daß also die heiligste Dreifaltigkeit da ist...". Sie konnte nicht fortfahren, weil sie in Verzückung geriet.

Nehmen wir uns nach der Heiligen Kommunion wenigstens eine Viertelstunde Zeit, Jesus, der in uns gegenwärtig ist, für alles zu danken.
Die hl Theresia von Jesus empfahl ihren Schwestern: „Verweilen wir in Liebe bei Jesus und versäumen wir nicht, die Stunde nach der Kommunion zu nutzen, es ist die beste Zeit, mit Gott zu sprechen und Ihm die Anliegen unserer Seele vorzubringen... Da wir wissen, daß der gute Jesus so lange bei uns bleibt, bis die natürliche Wärme das Brot aufgezehrt hat, müssen wir uns bemühen, diese gute Gelegenheit zu nutzen, um mit ihm zu bleiben und Ihm unsere Anliegen vorzubringen."

„Die Minuten nach der Hl. Kommunion sind die kostbarsten unseres Lebens, die geeignetsten für uns, mit Gott zu verkehren und für Gott, um uns seine Liebe mitzuteilen"
sagte die hl. Magdalena von Pezzi.

Überlegen wir ernsthaft und denken wir darüber nach. Die Danksagung ist eine wirklich kostbare Angelegenheit, und wir sollten uns den Weisheitsspruch zu eigen machen: „Verlier auch nicht den kleinsten Teil eines so hohen Gutes" (Sir 14,14).

Der eucharistische Jesus ist für alle das wahre Brot der Starken, die Nahrung der Helden, die Kraft der Märtyrer und die Stärkung für die Sterbenden.

Unser Heiland Jesus wiederholt immer den liebevollen Anruf an uns, an alle, die in diesem Tal der Tränen mühselig und geplagt sich: „Kommt alle zu mir, die Ihr Euch plagt und schwere Lasten zu tragen habt. Ich werde Euch Ruhe verschaffen." (Mt 11, 28).

Wir sollen unserem Heiland für diese Worte danken! Wir wissen jetzt, zu wem wir kommen können. Wir wissen nun, wem wir unser Leid klagen können... Wir dürfen ihm ehrlich eingestehen, daß wir oftmals mehr als müde, bange und depressiv sind. Manchmal sehen wir keinen Ausweg mehr aus der Situation, in der wir uns befinden, aber Er sagt uns offen und klar: Kommt zu mir...

Jesus ist das wahre Brot, das vom Himmel gekommen ist! Und wer dieses Brot des Lebens isst, wird in Ewigkeit leben.

Was für eine Gnade haben wir. Wir können Jesus jeden Tag empfangen. In Ihm haben wir die Fülle der Liebe für Leib und Seele im Himmel und auf Erden. Er ist die Nahrung unserer Seele.
Die Hl. Kommunion ist eine tägliche Quelle von Liebe und Freude, Licht und Kraft, Mut und von allem Guten.

Jesus sagt selbst: „Mein Fleisch ist wahrhaft eine Speise und mein Blut ist wahrhaft ein Trank!" (Joh 6,55).

„Wer mein Fleisch isst und mein Blut trinkt, hat das ewige Leben und ich werde ihn auferwecken am Letzten Tag. (Joh 6,54).

Sagen wir Ihm: Jesus, Du bist ganz mein und ich bin ganz und gar Dein! So soll es immer sein!

Der hl. Augustinus sagt: „Die Eucharistie ist das tägliche Brot, das wir als Heilmittel gegen die tägliche Schwachheit brauchen!" (P. Stefano Maria Manelli: „Jesus, die eucharistische Liebe").

Die geistige Kommunion

Die geistige Kommunion kann jedoch die sakramentale Kommunion nicht ersetzen, sondern nur ergänzen.

Im eucharistischen Leben kann die geistige Kommunion denjenigen helfen, die Jesus wirklich lieben, ihn aber nicht auf sakramentale Weise empfangen können. So kann diese Sehnsucht nach Jesus etwas gestillt werden.
Die geistige Kommunion ist eine Vereinigung (Liebeseinheit) zwischen der Seele und Jesus. Diese Vereinigung ist intensiver, als die Einheit von Körper und Seele, „weil die Seele mehr dort lebt, wo sie liebt, als dort, wo sie lebt", sagt der hl. Johannes vom Kreuz.

Es ist klar, daß die geistige Kommunion den Glauben an die wirkliche Gegenwart Jesu im Tabernakel voraussetzt, die Sehnsucht nach der sakramentalen Kommunion mit einschließt und eine Dankeshaltung für das von Jesus erhaltene Geschenk verlangt.
Wir können so beten wie der hl. Alfons von Liguori: „Mein Jesus, ich glaube, daß Du im heiligsten Sakrament gegenwärtig bist. Ich liebe Dich mehr als alle anderen Dinge und sehne mich, mit Dir eins zu sein. Weil ich Dich jetzt nicht im heiligsten Sakrament empfangen kann, komm wenigstens geistigerweise in mein Herz... (Pause). Da Du schon gekommen bist, umarme ich Dich und vereine mich ganz mit Dir. Laß nicht zu, daß ich mich jemals von Dir trenne."

Die geistige Kommunion hat ähnliche Wirkung wie die sakramentale Kommunion; je nach innerer Verfassung, in der man sie vollzieht, je nach Intensität der Sehnsucht nach Jesus, je nach dem Grad der Liebe, in der man Jesus empfängt und bei Ihm verweilt.
Die geistige Kommunion hat den Vorzug, daß man sie empfangen kann sooft man will (auch hundertmal am Tag), wann immer man will (auch bei Nacht) und wo man will (auch in einer Wüste... oder im Flugzeug in der Luft).

- Die geistige Kommunion ist besonders bei der Mitfeier von Heiligen Messen zu empfehlen, wenn man die sakramentale Kommunion nicht empfangen kann. Wenn der Priester kommuniziert, sollte man Jesus ins eigene Herz rufen. So wird jede Heilige Messe vollständig mitgefeiert: Opferung, Wandlung, Kommunion.

Es wäre eine überaus große Gnade, die wir erbeten sollten, wenn sich in der Kirche der Wunsch des Konzils von Trient verwirklichen würde, „daß alle Christen bei jeder Messe, die sie mitfeiern, kommunizieren."
Ein Katholik darf zweimal am Tag kommunizieren. Wenn er zum zweiten Mal kommuniziert, muß er jedoch an der gesamten Heiligen Messe teilgenommen haben.

Jesus zeigte der hl. Katharina von Siena in einer Vision, wie kostbar die geistige Kommunion für Ihn ist. Die Heilige fürchtete, daß die geistige Kommunion im Vergleich zur sakramentalen Kommunion keinen Wert hätte. Da erschien ihr Jesus mit zwei Kelchen in den Händen und sagte: „In diesen goldenen Kelch lege ich Deine sakramentalen Kommunionen; in den silbernen lege ich Deine geistigen Kommunionen. Diese beiden Kelche liebe ich sehr."

Und zur hl. Margareta Maria Alacoque, die in ihrem glühenden Verlangen nach Jesus im Tabernakel sehr beharrlich war, sagte Jesus einmal: „Der Wunsch einer Seele, mich zu empfangen, ist mir so lieb, daß ich mich jedes Mal in sie hineinbegebe, wenn sie mich mit Sehnsucht ruft."

Es ist nicht schwer zu erahnen, wie sehr die Heiligen die geistige Kommunion liebten. Diese erfüllt wenigstens teilweise den heißen Wunsch, „mit dem Geliebten immer eins zu sein".
Jesus hat ja selbst gesagt: „Bleibt in mir und ich bleibe in Euch" (Joh 15,4). Und die geistige Kommunion verhilft dazu, mit Jesus vereint zu bleiben, auch wenn man fern von seinem Aufenthaltsort ist. Es gibt kein anderes Mittel, um die Liebessehnsucht in

den Herzen der Heiligen zu stillen. „Wie der Hirsch nach Wasserbächen verlangt, so verlangt meine Seele nach Dir, o Gott" (Ps 41,2).

So ist die Liebes Sehnsucht der Heiligen. „O mein geliebter Bräutigam", rief die hl. Katharina von Genua aus, „ich sehne mich so sehr nach der Freude, mit Dir zu sein, daß ich meine, wenn ich sterbe, müßte ich auferstehen, um Dich in der Heiligen Kommunion zu empfangen".

Und die selige Agatha vom Kreuz erlebte die Sehnsucht, immer mit dem eucharistischen Jesus vereint zu sein, so stark, daß sie sagte: „Wenn mich der Beichtvater nicht gelehrt hätte, die geistige Kommunion zu empfangen, hätte ich nicht überleben können."

Auch für die hl. Maria Franziska von den fünf Wunden war die geistige Kommunion die einzige Erleichterung im großen Schmerz, den sie erlitt, weil sie fern von ihrer Liebe im Haus eingeschlossen war und nicht die Eucharistie empfangen durfte. Sie stieg auf die Terrasse des Hauses und klagte mit dem Blick in Richtung Kirche unter Tränen: „Wie glücklich sind jene, die Dich heute im heiligsten Sakrament empfangen durften, Jesus. Wie glücklich sind die Kirchenmauern, die meinen Jesus einschließen. Wie glücklich sind die Priester, da sie immer in der Nähe des geliebten Jesus sein dürfen..." Nur die geistige Kommunion konnte sie etwas beruhigen.

Der hl. Pater Pio sagte einer geistigen Tochter: „Wenn Du im Laufe des Tages nichts anderes tun kannst, ruf Jesus, auch mitten in all Deiner Geschäftigkeit, ruf Ihn mit sehnsüchtiger Seele, und Er wird kommen und durch Seine Gnade und heilige Liebe immer mit Dir verbunden bleiben. Fliege im Geist zum Tabernakel, wenn Du anders nicht hingehen kannst, laß dort Deiner Sehnsucht freien Lauf und umarme den Geliebten, das ist besser, als wenn Du Ihn in der Eucharistie empfangen hättest."

Der Diener Gottes Andreas Beltrami schrieb: „Wo ich auch immer bin, will ich oft an Jesus in der Eucharistie denken. Ich will meine Gedanken an den heiligen Tabernakel hängen, auch wenn ich nachts aufwache und wo ich mich gerade befinde, will ich anbeten, Jesus im Heiligsten Sakrament anrufen und ihn aufopfern, was ich eben tue."

Es ist sehr wichtig, daß wir von den Heiligen lernen und sehr oft die geistige Kommunion in den schwierigen Augenblicken des Lebens praktizieren.

Jesus ist real, wahrhaft gegenwärtig in der Heiligen Kommunion

Wir glauben, wenn der Priester bei der Heiligen Messe im Augenblick der Wandlung die Worte Jesu spricht: „Das ist mein Leib ...das ist der Kelch meines Blutes!" (Mt 26,26-7) werden Brot und Wein Leib und Blut Jesu. Die Substanz von Brot und Wein wird verwandelt und ist nicht mehr, die sie war (wir nennen das Transsubstation).
Sie wird der göttliche Leib und das Blut Jesu. Brot und Wein behalten nur noch ihre äußere Erscheinung.

Der hl. Ambrosius sagt: „Wie kann aus Brot der Leib Jesu werden? Durch die Wandlung. Mit welchen Worten geschieht die Wandlung? Mit der Worten Jesu. Wenn er zum heiligen Geheimnis gelangt, spricht der Priester nicht mehr in eigener Person, sondern im Namen Jesu!"
Die Wandlungsworte sind wundermächtige Worte, die Jesus der Kirche geschenkt hat. Sie haben durch Jesus die Macht, ein wenig Brot und Wein in den gekreuzigten Gott, in Jesus zu verwandeln. Das ist das Geheimnis unseres Glaubens.

So durch die göttlichen Worte der Wandlung kommt Jesus auf unsere Altäre, in unsere Tabernakel und in weißen Hostien herab.

Viele Heilige haben nicht nur fest an die Gegenwart Jesu geglaubt, sonder haben gespürt, indem sie ihn sahen und seine Kraft erfahren haben.
Papst Gregor XV. sagte, daß die hl. Teresia von Jesus, „mit den Augen des Geistes sehr deutlich unseren Herrn Jesus Christus in der Hostie sah".

Wir glauben, daß wir den wahren Leib und das wahre Blut Jesu in der Heiligen Kommunion empfangen. Jesus sagt das. Er ist die Wahrheit und er hat die Eucharistie als Geheimnis des Glaubens eingesetzt.

Glauben wir fest daran, daß Jesus in der konsekrierten Hostie wirklich gegenwärtig ist und zwar derselbe Jesus, der vor 2000 Jahren in Betlehem geboren worden ist und der sich für uns geißeln, mit Dornen krönen und schließlich kreuzigen ließ. So hat er sich für die gesamte Menschheit als Sühneopfer dargebracht. Doch nach dem furchtbaren Leiden kam für ihn die Auferstehung und Himmelfahrt.
Derselbe Jesus, der für uns am Kreuze gestorben ist und von den Toten auferstand und in den Himmel fuhr.

Glauben wir an die Worte Jesu: „Ich bin bei Euch alle Tage bis zum Ende der Welt." (Mt 28,20). Jesus ist wirklich bei uns!
Die Heilige Eucharistie ist ein großer Beweis dafür.
Besuchen wir immer das Allerheiligste Sakrament. Die Zeit, die wir mit Jesus verbringen, ist eine Zeit der Liebe und der Gnade.
Die hl. Katharina sagte: „Die Zeit, die ich vor dem Tabernakel verbringe, ist die am besten genützte Zeit meines Lebens."

Denken wir immer, wenn wir an einer Kirche vorbeigehen, an Jesus und danken wir ihm für alles, was er für uns getan hat.
Der hl. Stanislaus Kostka nutzte jeden freien Moment, um in die Nähe Jesu zu kommen, wenn er aber nicht konnte, wandte er sich an seinen Schutzengel und bat ihn vertrauensvoll: „Mein lieber Engel, gehe Du für mich hin!" Das ist sehr gut. Machen wir es auch so.

Die hl. Bernadette riet einer jungen Mitschwester: „Wenn Du an der Kapelle vorbei gehst und keine Zeit hast hinzugehen, beauftrage Deinen Schutzengel, Deine Anliegen vor unseren Herrn im Tabernakel zu bringen. Er wird es tun und Dich dann mit Leichtigkeit einholen."

Von den drei Hirtenkindern aus Fatima war Francisco ein kleiner Kontemplativer, den es besonders oft zu eucharistischen Besuchen hinzog. Er wollte oft und lange in der Kirche verweilen, um in der Nähe vom Tabernakel mit dem „verborgenen Jesus" zu bleiben, wie er die Eucharistie in seiner kindlichen Andacht nannte. Als ihn die Krankheit ans Bett fesselte, vertraute er seiner Cousine Lucia an, daß sein größtes Leiden darin bestand, daß er nicht mehr den „verborgenen Jesus" besuchen konnte, um ihm seine Küsse und seine Liebe zu bringen. Hier lehrt uns ein Kind, wie man liebt.

Der hl. Franz Borgia besuchte wenigstens siebenmal am Tag das Allerheiligste und die hl. Maria Magdalena von Pazzi machte eine Zeitlang täglich dreiunddreißig Besuche, ebenso machte es die selige Maria Fortunata Viti, eine demütige Benediktinerin unserer Tage. Die selige Agatha vom Kreuz, eine Tertiarin der Dominikanerinnen, brachte es auf hundert Besuche am Tag. Und die ehrwürdige Alexandrina Da Costa, die viele Jahre lang unbeweglich ans Bett gefesselt war, flog im Geist dauernd zu „allen Tabernakeln" der Erde.

Vielleicht versetzen uns diese Vorbilder in Staunen und erscheinen uns auch unter den Heiligen als Ausnahmen. So ist es aber nicht. Die Besuche bei Jesus sind eine Frucht des Glaubens und der Liebe. Je mehr Glauben und Liebe einer hat, desto mehr versucht er bei Jesus zu bleiben. Die Heiligen lebten im Glauben und in der Liebe.

Ein Missionsbischof erzählte, er habe in Indien ein christliches Dorf gefunden, in dem alle Bewohner ihre Häuser mit der Haustür gegen die Kirche hin gebaut hatten. Wenn sie nicht in die Kirche gehen konnten, standen sie an der Tür und sahen voll Liebe zum Gotteshaus hin. Wieso wohl? Weil das Gesetz der Liebe zur Einheit mit dem Geliebten hinzieht.

Ein eifriger Katechet erklärte einmal seinen Schülern: „Wenn ein Engel vom Himmel zu Euch käme und sagen würde: „Jesus wartet persönlich in jenem Haus auf Euch", würdet Ihr alles stehen und liegen lassen und zu ihm eilen? Ihr würdet jede Unterhaltung und Beschäftigung abbrechen, Ihr würdet Euch glücklich schätzen, ein kleines Opfer zu bringen, um mit Jesus zusammenzukommen. Erinnert Euch, daß Jesus im Tabernakel ist und immer auf Euch wartet, weil er Euch in seiner Nähe haben möchte, um Euch mit seinen Geschenken zu überschütten."

Die Heiligen spürten in der physischen Nähe Jesu im Tabernakel eine Steigerung ihrer Liebe und die Sehnsucht Jesu, uns in seine Nähe zu holen. Beim hl. Franz von Sales steigerte sich die Liebesglut so sehr, daß er sagte: „Wir sollten Jesus im heiligsten Sakrament hunderttausendmal am Tag besuchen".
Lassen wir die Heiligen unsere Lehrmeister sein und lieben auch wir die Besuche beim eucharistischen Jesus. Gehen wir zu Ihm. Verweilen wir bei Ihm und erzählen wir Ihm liebend, was uns am Herzen liegt, was uns weh tut, welche Sorge wir haben.

Es lohnt sich, mit einem täglichen Besuch bei Jesus zu beginnen. Das kann ganz kurz sein. Ganz einfach treten wir in eine Kirche ein, knien wir uns hin und verweilen wir einige Augenblicke vor dem Allerheiligsten Sakrament. Beten wir ganz einfach: „Jesus, Du bist hier anwesend, ich bete Dich an, ich preise Dich und lobe Dich. Ich liebe Dich über alles, komm in mein Herz!" Dieses Gebet kann sehr heilsam sein.

Der hl. Alfons von Liguori sagt: „Seid gewiß, daß von allen Augenblicken eures Lebens die Zeit vor dem Allerheiligsten, Euch die meiste Kraft im Leben gibt uns den meisten Trost in der Todesstunde und im Jenseits bringt".

Wir sind eingeladen
Jesus im Allerheiligsten Sakrament anzubeten

Das ist unsere liebe Aufgabe - Pflicht. Uns ist ganz klar: wenn wir wirklich Jesus lieben, beten wir ihn an. Liebe und Anbetung gehen zusammen.

Jesus wird im Tabernakel nur von dem angebetet, der ihn wahrlich liebt und Er wird nur von dem über alles geliebt, der ihn anbetet.
Das können wir von Heiligen lernen. Denken wir an den hl. Franziskus von Assisi, der sehr viel Zeit, manchmal ganze Nächte vor dem Altar verbrachte, dabei war er in tiefe Andacht und Demut versunken, daß alle, die ihn beobachteten, betroffen waren.

Die hl. Margareta Maria Alacoque, die Erwählte des Herzens Jesu, blieb an einem Gründonnerstag 14 Stunden lang in Anbetung vor dem Allerheiligsten. Und die hl. Franziska Saverio Cabrini verweilte an einem Herz-Jesu-Fest ganze 12 Stunden wie vom eucharistischen Jesus angezogen in Anbetung versunken. Als eine Mitschwester sie fragte, ob Ihr der besonders kunstvolle Blumenschmuck am Altar gefallen habe, antwortete sie: „Ich habe nicht aufgepaßt, ich sah nur die eine Blume, Jesus, nichts anderes."

Auch an den hl. Franz von Sales wurde nach einem Besuch im Mailänder Dom die Frage gestellt: „Exzellenz, haben sie die Fülle an Marmor und die herrliche Linienführung gesehen?" Der hl. Bischof antwortete: „Was soll ich Euch sagen, die Gegenwart Jesu im Tabernakel hat meinen Geist so in Anspruch genommen, daß die künstlerische Schönheit vor meinen Augen entschwand." Welche Lektion ist das für uns, die mit großer Oberflächlichkeit berühmte Kirchen wie Museumsräume besuchen!

Der selige Contardo Ferrini, Professor an der Universität von Modena, war so sehr in Anbetung versunken, daß ihm folgendes passierte. Er war in eine Kirche eingetreten, um Jesus einen Besuch zu machen. Dabei war er mit dem Blick auf den Tabernakel ganz in Jesus vertieft, daß er nicht bemerkte, wie ihm jemand den Mantel von den Schultern abnahm und damit verschwand.

Von der hl. Magdalena Postel sagte man: „Nicht einmal ein Blitz könnte sie zerstreuen," als man sie in Liebe gesammelt bei der Anbetung der Eucharistie beobachtete.

Die hl. Katharina von Siena erhob einmal während einer Anbetung den Blick, um eine vorübergehende Person zu sehen. Darüber war sie sehr betrübt, weinte lange Zeit und jammerte: „Ich bin eine Sünderin, ich bin eine Sünderin!"

Die eucharistische Anbetung ist wahrlich der beste Teil, den wir immer wählen können. Jesus soll uns alles sein. Wenn wir ihn haben, haben wir alles. Alles andere ist nichts!

Allein aus der Kraft der Eucharistie lebend

Der hl. Bruder Klaus von Flüe

der große Heilige der Schweiz, darf wohl in seinen letzten 20 Lebensjahren als Wunder der Eucharistie bezeichnet werden. Er lebte von 1417 bis 1487 im Flüeli. Er war mit hohen weltlichen Ämtern betraut, bis er mit ca. 50 Jahren den Ruf Gottes verspürte und am Gallustag 16.10. 1467 alles aufgab und in die Einsamkeit ging. An diesem Tag begann auch das große Fastenwunder, das über 20 Jahre bis zu seinem Tode andauerte. Weder Speise noch Trank nahm er zu sich. Um dies zu überprüfen, wurde er 4 Wochen lang strengstens überwacht und kein Mensch zu ihm gelassen. Die Kirche stand dem Phänomen der Nahrungslosigkeit genauso skeptisch gegenüber, stellte ihn auf die Probe und befahl ihm im Gehorsam zu essen und zu trinken. Was Bruder Klaus bei allem Bemühen aber nicht möglich war. Ein Zeitgenosse berichtete: Wenn Bruder Klaus dem Messopfer beiwohne und dort den Priester Christi Fleisch und Blut genießen sehe, so fühle und empfange er daraus eine wunderbare Stärkung. Die Erneuerung des Leidens Christi habe die Wirkung, daß, sobald er die Scheidung von Leib und Seele Christi betrachte, sein Herz von unaussprechlicher Süßigkeit erfüllt werde, die ihn so erquikke, daß er die allgemein menschliche Nahrung leicht entbehren könne.

Therese Neumann
die Resl von Konnersreuth

Therese wurde 1898 geboren. Bei einem Unfall wurde sie blind und gelähmt, später auf wundersame Weise geheilt. In den Passionswochen 1926 zeigten sich, verbunden mit den Visionen des Leidens Christi, an Therese Neumann die Wundmale Christi; sie verblieben bis zum Lebensende. Therese Neumann lebte von 1927 an bis zu ihrem Tod 1962 ohne jegliche Speise und ohne jeglichen Trank. Ihre einzige Nahrung war die tägliche Hl. Kommunion. Sie wehrte sich gegen die Behauptung, sie lebe von nichts. „Aus nichts wird nichts" pflegte sie zu antworten. „Ich lebe nicht aus nichts, ich lebe vom Heiland, Er hat gesagt: Mein Leib ist eine Speise – warum soll dies, wenn Er es will, nicht auch wahr sein für das Leben unseres Leibes?" Tatsächlich spielte sich auch alles so ab, daß das eucharistische Brot für die Stigmatisierte auch eine vollständige, wirkliche Leibesnahrung war, die für sie alle Bestandteile enthielt, wie sie die übliche Nahrung dem menschlichen Organismus zuführt.

Schon im gewöhnlichen Zustand fühlte Therese die Nähe der Eucharistie. Pfarrer Naber erzählte: „Wenn wir miteinander in fremde Gegenden fuhren, konnte Resl bei jeder Kirche sagen, ob dies eine Katholische sei, d.h. ob der eucharistische Heiland in der Kirche sei oder nicht. Wir hatten es immer wieder überprüft, es hat sich nie ein Irrtum herausgestellt."

Marthe Robin
eine große Sühneseele unserer Zeit.

Jedem Jahrhundert schenkt Gott seine Heiligen, seine Rufer und Mahner, seine Mystiker. Wenn böse Zeiten voll Dunkelheit die Menschheit unsicher machen, führen uns diese von Gott Begnadeten zum rettenden Licht: Jesus Christus.

Am Freitag, den 6. Februar 1981 starb in einem kleinen Ort in Südfrankreich Marthe Robin, Tochter von einfachen Bauern. Ein unsäglich schweres und langes Martyrium war ihr auferlegt gewesen. Sie opferte es tapfer dem Herrn auf, um Gnade zu erleiden für die vielen schauderhaften Verbrechen unserer Zeit.

Am 13. März 1902 geboren in Chateauneuf de Galaure, wuchs sie, ein hübsches, lebensfrohes und unbeschwertes Kind, bei ihren Eltern auf, wobei sie sehr bald auf dem Hof helfen mußte. Sie liebte es besonders, auf dem Felde zu sein in Gottes freier Natur, mit Freuden hütete sie die Kühe und Ziegen ihres Vaters.

Mit sechzehn Jahren begannen plötzlich furchtbare Leiden aufzutreten, rasende Kopfschmerzen und unheimliche Lähmungen an den Beinen, später auch an den Armen. Auch konnte sie nicht mehr schlucken. Viele Ärzte bemühten sich um sie, man konnte ihr nicht helfen. Sie konnte kaum noch Nahrung zu sich nehmen.

Und nun kommt das Wunderbare. Dieses einfache Kind wußte klar und deutlich, daß es von Gott gerufen wurde. Erfüllt von seiner Gnade, übergab sie am 25. Oktober 1925 feierlich ihr ganzes Sein an den Willen Gottes in totaler Hingabe.
Dieses einfache Mädchen mit sehr geringer Schulbildung und wenig religiösem Wissen, erfaßte mit klarer Sicherheit den Sinn des Leidens als Geschenk Gottes für die Erlösung verlorener Seelen. Sie erfaßte Gottes Liebe und Barmherzigkeit und war bereit, alles zu geben.

Hier ihr Gebet: „Mein Gott, Du hast alles verlangt von Deiner kleinen Dienerin. Nimm und empfange alles. An diesem Tag übergebe ich mich Dir ohne Reserve und ohne Rückkehr. O, Du Geliebter meiner Seele! Ich will nur Dich, und für Deine Liebe verzichte ich auf alles."

Dann schenkte diese großherzige Frau ihr ganzes Leid dem Herrn. Zu den Lähmungen kam nun hinzu, daß Marthe überhaupt keine Nahrung mehr zu sich nehmen konnte. Von 1928 bis 1981, ihr Todesjahr, hat Marthe nur die Hl. Hostie empfangen, die man ihr ein- bis zweimal in der Woche brachte. Die Heilige Hostie ging in sie ein und verschwand ohne Schluckbewegung. Marthe hatte also keine Funktionen mehr, weder Nahrungsaufnahme noch Ausscheidungen.

Im September 1930 erschien ihr Jesus Christus. Sie hörte seine Stimme: „Willst Du werden wie ich?" - „Hier bin ich, Deine Dienerin!", war ihre Antwort.
Sie bekam die Wundmale Christi, sie wurde stigmatisiert. Von nun an durchlitt sie jede Woche am Freitag Golgatha. Durch die Wunden der Dornenkrone blutete sie heftig durch die Augen, so daß sie erblindete. Auch den Schlaf mußte sie hergeben, sie litt an totaler Schlaflosigkeit bis zu ihrem Tode am 6. Februar 1981 (Herz-Jesu-Freitag).

Gott schenkt uns Wunder,
damit wir besser Glauben können.

Die Eucharistie ist das große Sakrament, das uns Gott geschenkt hat. Sie ist Nahrung im echten Sinne und wir können sie täglich empfangen. Ohne die Eucharistie fehlt der Vaterunserbitte „Unser tägliches Brot gib uns heute" die wahre Bedeutung. Am Anfang seines öffentlichen Wirkens vollbrachte Jesus das Wunder der Brotvermehrung und machte uns schon auf die Wichtigkeit der zukünftigen Eucharistie aufmerksam: „Müht Euch nicht um vergängliche Speise, sondern um die Speise, die anhält zu ewigem Leben, wie sie der Menschensohn Euch geben wird." (Joh 6,27-59) Weiter sagte er: „Ich bin das Brot des Lebens." – „Ich bin das lebendige Brot, das vom Himmel herabgekommen ist: Wenn einer von diesem Brot ißt, wird er leben in Ewigkeit. Das Brot aber, das ich geben werde, ist mein Fleisch für das Leben der Welt." – „ Wer mein Fleisch ißt und mein Blut trinkt, der hat ewiges Leben, und ich werde ihn auferwecken am Jüngsten Tage. Denn mein Fleisch ist wahrhaftige Speise, und mein Blut ist wahrhaftiger Trank. Wer mein Fleisch ißt und mein Blut trinkt, der bleibt in mir und ich in ihm." – „So wird auch der, der mich ißt, durch mich leben." - „Wer dieses Brot ißt, wird leben in Ewigkeit."

Es gab und gibt immer wieder Menschen und leider auch Priester, die an der Wandlung der Opfergaben in den Leib und das Blut Christi, sowie an seine Realpräsenz in der kleinen Heiligen Hostie zweifeln. Gott gibt uns immer wieder Zeichen und Wunder, damit wir leichter glauben können. Hier will ich nur einige der vielen Zeichen aufzeigen.

Das eucharistische Wunder von Lanciano

Das berühmteste und mit am besten dokumentierteste ist das eucharistische Wunder von Lanciano. Im 8. Jahrhundert zelebrierte ein Mönch in einer kleinen Kirche die Heilige Messe. Während der Heiligen Wandlung hegte er Zweifel an der wirklichen Gegenwart des Leibes und des Blutes Christi in Form von Brot und Wein. In diesem Moment geschah das Wunder in den Händen des

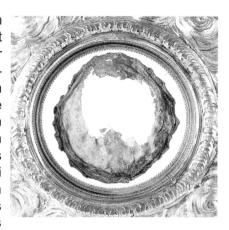

Priesters: Die Hostie wurde zu lebendigem Fleisch und der Wein verwandelte sich in lebendiges Blut, das sofort gerann und 5 unregelmäßige Klümpchen bildete.

Die Fleischhostie hat die Größe unserer Priesterhostie, wie sie heute noch zur Heiligen Messe meistens benutzt wird.

Bei wissenschaftlichen Untersuchungen, die mehrmals im Laufe der Jahrhunderte unternommen wurden, die letzte war 1970, wurde festgestellt:

Das Fleisch ist wirkliches Fleisch,
das Blut ist wirkliches Blut.
Das Fleisch ist ein Teil des Herzmuskels.
Das Fleisch und das Blut sind gleich
     dem eines Menschen.
Das Fleisch und das Blut
     haben die gleiche Blutgruppe (AB).
Die im Blut vorhandenen Proteine sind normal verteilt in einem prozentualen Verhältnis, wie es das Blutbild normalen, frischen Menschenblutes aufweist.
Es wurden keinerlei Konservierungsstoffe in den Reliquien gefunden.

Bei früheren Untersuchungen, z.B. 1574, 1637, 1770 und 1886, wog ein Klümpchen des Blutes genauso viel wie alle fünf zusammen oder jedes Einzelne für sich.
Die Erhaltung der Reliquien, in natürlichem Zustande belassen, während Jahrhunderten den physischen, atmosphärischen und biologischen Einflüssen ausgesetzt, ohne jegliches Konservierungsmittel, bleibt ein außergewöhnliches Phänomen.

Man kann also sagen:
Die Wissenschaft hat eine sichere und umfangreiche Antwort gegeben über die Echtheit des eucharistischen Wunders von Lanciano.

Das eucharistische Wunder von Cascia

In der Nähe von Siena nahm im Jahre 1330 ein Priester, der einem Kranken die Heiligen Sakramente erteilen sollte, eine konsekrierte Hostie, legte sie ehrfurchtslos einfach zwischen die Seiten seines Brevierbuches und ging zu dem Kranken. Nach dem Er die Heilige Beichte gehört hatte, öffnete der Priester das Buch, um die Heilige Hostie zu entnehmen, doch sehr bestürzt stellte er fest, daß die Heilige Hostie von lebendigem Blut bedeckt war, so-

daß sie die beiden Seiten seines Buches durchtränkt hatte. Die Seite, auf der noch heute die Heilige Hostie klebt, wird in einem Reliquiar in Cascia ausgestellt und verehrt. Erwähnenswert ist ein einzigartiges Phänomen: Viele Menschen erkennen in diesen Blutflecken gleichsam den Ausdruck eines leidenden menschlichen Antlitzes, was auch auf der Fotographie zu erkennen ist.

Das Blutcorporale von Walldürn

In Walldürn geschah im 14. Jahrhundert auch ein Blutwunder. Der Priester Heinrich Otto feierte die Heilige Messe und war dabei etwas nachlässig und unaufmerksam. Er stieß den Kelch mit dem konsekriertem Wein um. Sofort ergoß sich das Blut des Herrn über das darunter liegende Corporale. Der Wein wurde so rot wie Blut, und wohin er floß, da formte sich ein wunderbares Bild: in der Mitte das Bild des Gekreuzigten, an den Seiten aber mehrere Abbildungen, die das Haupt Christi mit Dornenkrone zeigen. Es waren mehrere Augenzeugen anwesend. Der Priester verbarg das Tuch unter dem Altar für viele Jahre, hat sein Geheimnis aber am Sterbebett doch noch preisgegeben. Es wurde alles so vorgefunden, wie er es sagte.

Die blutende Heilige Hostie in Aichstetten

Der Priester Abbé Joseph Busert erfuhr auf wundersame Weise zunächst in Traum und später auf Fügung des Himmels von der stigmatisierten Büßerin Anna Henle aus Aichstetten, und daß ihr immer an Weihnachten von unsichtbarer Hand die Heilige Hostie gereicht wird. Am heilig Abend 1896 durfte Abbé Busert dabei sein und es sahen alle 17 Anwesende, darunter zwei Priester, wie eine Heilige Hostie plötzlich im Zimmer schwebte und sich der „Annerl" näherte. Alles sank auf die Knie. Da sprang Abbé Busert an das Lager der Stigmatisierten, sie möge den Heiland bitten, daß er ihr die Heilige Kommunion reichen dürfe. Der Abbé nahm die Heilige Hostie, die in der Luft schwebte, und sagte: „Bist Du wirklich der Heiland und kein Schein?" Da fing die Heilige Hostie an zu bluten – das Blut floß dem Priester über die beiden Finger auf die Stola. Da kam von der „Annerl" die Stimme: „Reich mir den Heiland, ehe er verblutet." Da reichte ihr Abbé Busert die Heilige Hostie. Abbé Busert berichtete dem bischöflichen Ordinariat in Rottenburg unter Eid, was sich in Aichstetten zugetragen hatte. Abbé Busert heilte als Seelsorger viele Kranke, indem er mit den beiden Fingern, die vom Blute der Heiligen Hostie gerötet waren, das Kreuzzeichen auf die leidenden Stellen zeichnete. Abbé Busert verstarb 1947 und Anna Henle im Jahre 1950.

Hostienwunder in Garabandal
18. Juli 1962. Garabandal de San Sebastian in Nordspanien.

Das Mädchen Conchita Gonzales verließ um 1 Uhr nachts, nach dem dritten Anruf des Himmels, bereits in Ekstase, ihr Zimmer, kam die Treppe herunter, ging aus dem Haus und in einem ekstatischen Gang schnellen Schrittes, aber in andächtiger würdiger Haltung, etwa 50 Meter weit um die nächste Hausecke, um dann zwischen zwei Häusern auf die Knie zu fallen. Dicht gedrängt standen die Leute um sie herum und wenige Taschenlampen waren auf ihr Gesicht gerichtet. Nachdem sie den Engel gesehen hatte, forderte er sie auf, das Confiteor zu beten. Daraufhin reichte er Ihr die Heilige Kommunion.

So wurde das Wunder von den Umstehenden wahrgenommen. Unter den Personen, die dicht dabei standen, waren Pepe Diez aus Garabandal, Benjamin Gomez aus Pesues und auch Alejandro Damians aus Barcelona. Letzterer hatte von seinem Vetter, der wegen einer Verhinderung nicht selbst nach Garabandal gehen konnte, eine 8 mm Filmkamera mitgegeben bekommen, um für ihn dort zu filmen.

Von der Bedienung der Kamera hatte er jedoch keine rechte Ahnung. Er stand unmittelbar in einem Abstand von ca. einem halben Meter vor Conchita und sah, wie sie ihre Zunge heraushielt. Plötzlich wurde ein weißes Licht auf ihrer Zunge sichtbar, das sich zu einer Hostie formte. Während er noch fassungslos darauf starrte, kam ihm plötzlich die Kamera an seinem Handgelenk in den Sinn. Er richtete sie auf das Gesicht des Mädchens und betätigte den Auslöser solange, bis Conchita die Zunge in den

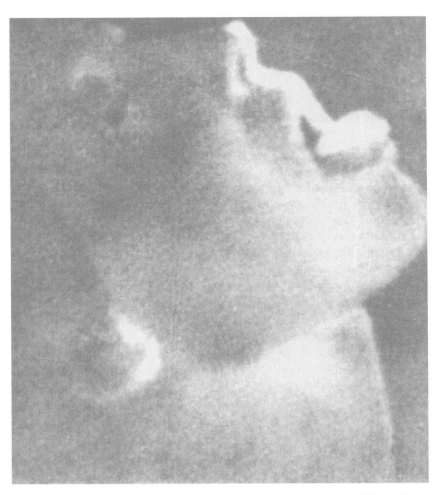

Mund zurückholte, ohne damit zu rechnen, daß der Film überhaupt belichtet wurde. Das zweite Wunder ereignete sich für ihn dann, als der Film entwickelt war und genau 69 Bilder belichtet waren, worauf man das Phänomen gut erkennen konnte.

Benjamin Gomez, ein derber, aber gütiger Mann, berichtete mit seinen einfachen Worten, daß er ebenfalls unmittelbar bei Conchita stand und gesehen habe, wie die Hostie sich scheinbar

Tut dies zu meinem Gedächtnis

sogar noch vergrößert habe, während sie auf der herausgehaltenen Zunge lag. Er sagte, daß sie mit eigenem hellweißen Licht leuchtete, nicht vom Schein der Taschenlampen, so, wie wenn die Sonne schräg auf ein Schneefeld fällt und dieses ganz hell wird. Das Licht habe aber die Augen nicht geblendet, es sei eher weicher Natur gewesen.

Für Pepe Diez, der mit seiner Taschenlampe ständig auf das Gesicht leuchtete, und der ebenfalls weniger als einen Meter von Conchita entfernt stand, kommt eine eigene Handlung des Mädchens überhaupt nicht in Betracht. Er bezeugt, daß das Mädchen unmöglich sich die Hostie selbst auf die Zunge gelegt haben kann. Das sei ganz ausgeschlossen, denn sie haben die Hände, vor und während die Hostie sichtbar wurde, nicht ein einziges Mal zum Gesicht bewegt.

Conchita aber betete nach dem Empfang der Heiligen Kommunion das „Seele Christi heilige mich", wie es Ihr der Engel aufgetragen hatte.

Auch Tiere geben Zeugnis
von Gott in der Heiligen Hostie.

Das Eselswunder beim hl. Antonius
In der Gegend von Toulouse versprach ein Ketzer: „Ich lasse mein Reittier für drei Tage abgeschlossen ohne Futter. Danach lasse ich Dich das in der Hand halten, was Du meinst, es sei der Leib des Herrn. Wenn das Tier das Futter vergißt, sich auf diesen Gott zubewegt, von dem Du sagst, jedes Geschöpf müsse ihn verehren, werde ich glauben!" Am festgelegten Tag nach der Hl. Messe brachte der hl. Antonius den heiligsten Leib des Herrn zu Angesicht. Unterdessen bot der Ketzer dem hungrigen Maultier Futter an. Das Tier, völlig erschöpft vor Hunger, ließ das Futter liegen, beugte sich vor dem heilbringenden Sakrament. Der Ungläubige aber fand zum Glauben.

Kühe verharren in Anbetung.

Im Jahre 1125 hatte ein Hirte eines Einödhofes beim Köschinger Forst eines Tages die Idee, von der Osterkommunion eine Heilige Hostie mit nach Hause zu nehmen, sie dort in einem ausgehöhlten Hirtenstock aufzubewahren und ganz für sich im stillen zu verehren, denn der Weg in die Pfarrkirchen Oberdolling war ihm oft unmöglich. Eines Tages ärgerte er sich so über das störrische Vieh, daß er im Zorn den Stock nach den Tieren warf. Dabei fiel die Heilige Hostie heraus. Der Wind entführte sie bis auf ein Felsenstück, das heute vom Gnadenaltar überbaut ist. In einer Mulde des Felsens blieb die Heilige Hostie liegen.

Wie auf einen Schlag stand das Vieh still und fiel, wie im Gebet, auf die Knie.

Der erschrockene Hirte versuchte vergeblich, die Heilige Hostie wieder aufzuheben, und auch der eilig herbeigerufene Pfarrer war in diesem Fall machtlos. Dies gelang erst dem aus Regensburg kommenden Bischof Hartwig, der nach damaligem Brauch, für den Hostien Frevel, den Bau einer Sühnekapelle gelobte.

Heilung durch die Eucharistie

Durch die Hl. Erstkommunion plötzlich geheilt

Frankreich, im Jahre 1860: Ich selber - so schreibt Msgr. de Segur - kannte ein verunglücktes Mädchen namens Denise, welches am Weißen Sonntag des Jahres 1860 durch das Allerheiligste Altarsakrament geheilt wurde.

Die kleine Denise war während der Turnstunde in der Schule so unglücklich gefallen, daß sie lebensgefährliche Verletzungen davontrug. Umsonst versuchten die Ärzte ihr zu helfen. Ihr Zustand verschlimmerte sich von Tag zu Tag. Die schwergeprüften Eltern erhielten den ärztlichen Bescheid, daß die arme Kleine nicht mehr zu retten sei.

Denise hatte sich so sehr auf ihre erste Heilige Kommunion gefreut. Jetzt, da der Weiße Sonntag nahte, bat sie die Eltern innig, sie trotz ihrer Schwäche an der Kommunionfeier in der Pfarrkirche teilnehmen zu lassen, damit sie, wie ihre Mitschülerinnen, den lieben Heiland empfangen könne.

„Bitte, tragt mich in die Kirche und laßt mich kommunizieren! Ihr werdet sehen, daß ich dann bald wieder gesund werde!" bat die Kranke, die keiner Bewegung mehr fähig war.

Arzt und Vater fürchteten zwar, sie könnte infolge ihrer Kopf- und Rückgratverletzungen auf dem Transport sterben. Die Mutter aber wollte der lieben Kleinen den letzten Wunsch erfüllen. Zuletzt kam man überein, sie im Krankenbett auf einem Wagen in die Kirche zu bringen. Und so kam der große Tag: Wie ein Engel sah die Schülerin im weißen Kommunionkleid aus.

Mit unsagbarer Freude empfing sie zusammen mit ihren Mitschülern und Mitschülerinnen den lieben Heiland. Während der Danksagung bat sie Ihn vertrauensvoll um ihre Heilung. Und plötzlich geschah es: Noch ehe die Hl. Messe zu Ende war, konnte Denise zum freudigen Staunen ihrer Mutter und aller Anwesenden vom Bette aufstehen und niederknien. Die glückliche Erstkommunikantin war vollkommen geheilt!

Ihr ungläubiger Vater, der nie zur Kirche ging, traute seinen Augen kaum, als sein so schwer verunglücktes Kind ihm nach der Kommunionfeier fröhlich entgegensprang und ihn umarmte. Am folgenden Tag konnte Denise wie früher zur Schule gehen. Ihr Vater aber glaubte nach diesem Wunder aus ganzem Herzen an die wirkliche Gegenwart Jesu Christi in der Hl. Kommunion und bekehrte sich.

Heilung in unseren Jahrhundert

Diese Geschichte vom todkranken Arzt in Perugia, der durch den Empfang der Hl. Kommunion geheilt wurde, ist mitten im 20. Jahrhundert geschehen.

Ein bekannter Arzt und Chirurg wurde selbst schwer krank (Krebs) und alle Bemühungen seiner Berufskollegen waren umsonst. Er war dem Tode geweiht! Da kam jemand aus seinem Bekanntenkreis auf den Gedanken, sich in dieser äußersten Not an die spanische Klosterfrau Madre Speranza im neu errichteten Heiligtum »Von der Barmherzigen Liebe« zu Collevalenza bei Todi, zu wenden. Dort war schon ein wunderbares Zentrum entstanden, in dem schon so vielen Menschen geholfen worden war (mystische Erlebnisse, wundertätige Heilquelle usw.). So hoffte man auch in diesem Fall noch am ehesten dort in irgendeiner Weise Hilfe zu finden.

Man wollte gar nicht einmal daran denken, daß der berühmte Arzt selbst wieder gesund werden sollte oder könnte. Er war ohnehin schon dem Tode geweiht. Und so brachte man es auch der begnadeten Mutter Speranza vor, sie möge nicht um das Leben des Arztes beten, sondern, daß die nach seinem Tode zurückbleibende Witwe die Kraft erhalten möge, den Schicksalsschlag ertragen zu können. „Wie?", entgegnete Mutter Speranza, „wer behauptet denn, daß der Herr Doktor sterben muß? Laßt ihm die Hl. Kommunion bringen!"

Verblüfft und mehr oder weniger ungläubig kehrte die Abordnung nach Perugia zurück. Irgendeinen Glauben aber hatten sie schon und so sagten sie sich: „Hilft's nicht, schadet's nicht!" Man ruft den Priester, läßt dem Sterbenskranken die Hl. Kommunion bringen, und siehe da, kaum hat er sie empfangen, da richtet er sich auf und spricht, als ob nie etwas gewesen wäre: „Nehmt mir doch einmal den Bart ab!" Die Todesgefahr war vorbei - nur durch den Empfang der Hl. Kommunion. Und ein ungläubiger Arzt-Kollege erklärte: „Wenn ein Todkranker nur durch die Hl. Kommunion gerettet wird, dann glaube ich auch!"

Die erschütternde Bekehrung

Ein Herr aus der Nähe des Bodensees erzählt über seine plötzliche Bekehrung durch die Ereignisse in Medjugorje.

„Seit unserer Hochzeit war ich nie mehr in einer katholischen Kirche. Als unsere Kinder zur ersten Heiligen Kommunion gingen, besuchte ich ihnen zuliebe die Kirche. Ungefähr elf Jahre lang hatte ich keine Kirche mehr von innen gesehen!

Meine Frau sollte in Medjugorje getauft werden. Aus diesem Grund bat sie mich, sie dorthin zu begleiten. Als ich zum ersten Mal die Kirche von Medjugorje betrat, ging ich bis zur Glastüre, während meine Frau und meine Mutter weiter gingen.

An dieser Eingangstüre drehte ich mich plötzlich um und begab mich wieder ins Freie. Den Grund kann ich mir heute noch nicht erklären. Ich ging außen an der Kirche entlang, wo die Leute beichteten.

Mir kam nicht einmal zum Bewußtsein, was die Menschen dort taten. Ich habe sie nur beobachtet.

Dann sah ich Schilder mit den verschiedenen Sprachen. Ich entdeckte die Anschrift „Deutsch". Ohne es zu wollen, stellte ich mich in die Reihe der Leute, die in deutscher Sprache beichteten.

Ich hatte das Gefühl, es führe mich jemand hierher. Dann beichtete ich!

Nach der Heiligen Beichte fühlte ich mich, als ob ein Stein von meinem Herzen gefallen wäre. Ich war sehr erleichtert und glücklich, besonders weil ich hier an diesem heiligen Ort sein durfte und auch zur Heiligen Kommunion gehen konnte.

Während der Abendmesse erlebte ich ein Wunder an einem zehnjährigen Mädchen, das seit sieben Jahren blind war. Dieses Erlebnis hat mich tief beeindruckt. So hat mir Gott den richtigen Weg wieder gezeigt!"

Er sagte noch. „Für mich ist diese Bekehrung wie ein zweites Leben. Die Gebote Gottes sind für mich sehr wichtig geworden!"

Colleen Willards wunderbare Heilung

Die Amerikanerin Colleen Willard aus Chicago litt an einem unheilbaren Hirntumor, der ihr furchtbare Leiden verursachte.
Sie war bereits vollkommen abgemagert und konnte die Treppe zu ihrem Zimmer nicht mehr hinaufgehen. Auch das Badezimmer konnte sie ohne fremde Hilfe nicht mehr betreten.
Jede Berührung mit ihrer Haut verursachte unerträgliche Schmerzen. John, ihr Ehemann, ging zwar weiterhin seiner Arbeit nach, um die Familie ernähren zu können, aber ihr 21-jähriger Sohn blieb zu Hause, um sie zu pflegen.

Das Gebet war Colleens einzige Zuflucht. Trotz ihres schweren Schicksals versuchte sie noch anderen zu helfen und so meldete sie sich bei der Vereinigung „Heilige Klara, Hilfe der Armen" als ehrenamtliche Helferin. Sie wurde eine der besten Mitarbeiterinnen und sammelte Spenden für bosnische Flüchtlinge und Kriegsverletzte, indem sie einfach nur am Telefon saß, sofern ihre Stimme es zuließ.

Eines Tages hörte Colleen von Medjugorje und verspürte sofort den Wunsch, dorthin zu fahren. Doch ihr war bewußt, daß es physisch für sie einfach unmöglich war. Außerdem fehlten der Familie, wegen der vielen Arztrechnungen, die finanziellen Mittel. Sie sagte sich dann: „Ich möchte nicht dorthin fahren, um geheilt zu werden, sondern um an diesem geheiligten Ort die Anwesenheit der Jungfrau Maria zu erfahren."

So betete die Familie inbrünstig darum, diese Pilgerreise antreten zu dürfen und Gott schenkte ihnen seine Gnade. Die Fahrt kam zustande und Gott machte es möglich, daß sie sogar in der ersten Klasse reisen durften. Zwar mußte Colleen unterwegs alle zwei Stunden ein Schmerzmittel einnehmen, doch sie war voller Freude und dankte Gott für alles.

Am nächsten Morgen wurde sie im Rollstuhl zu einer Seherin gefahren, was sich jedoch als schwierig erwies, da sich viele Menschen um die Seherin drängten. Die Situation schien für Colleen schon dramatisch zu werden, da bahnte sich die Seherin schließlich einen Weg zu ihr, umarmte sie und betete für sie. Hiernach brachte man Colleen zur Heiligen Messe in die Kirche. Ihr Ehemann John schob sie im Rollstuhl nach vorne. Bevor der Priester begann, die Hostie zu konsekrieren, hörte sie plötzlich die Stimme der Jungfrau Maria: „Meine Tochter, übergib Dich ganz an Gott, den Vater! Übergib Dich ganz meinem Bräutigam, dem Heiligen Geist! Übergib Dich meinem Sohn Jesus! Übergib Dich jetzt ganz!" Und Colleen antwortete: „Ja, ich übergebe mich ganz! Ganz zur Ehre des Himmels, ganz zur Ehre Gottes!"

In diesem Moment spürte sie ein Kribbeln in den Beinen und merkte sofort, daß mit ihr etwas geschehen war. Gegen Ende der Heiligen Messe wußte sie, daß sie geheilt war. Sie stand aus dem Rollstuhl auf und konnte aus der Kirche, ohne jegliche Probleme und ohne fremde Hilfe, hinausgehen. Als sie schließlich wieder zu Hause war, suchte sie in der Mayoklinik die Ärzte, bei denen sie in Behandlung war, auf. Diese konnten Colleens Heilung zunächst gar nicht fassen. Sie unterzog sich sämtlichen Untersuchungen, die ihre Heilung jedoch nur bestätigen konnten. Ein Arzt sagte schließlich zu Colleen: „Ihre Heilung ist nun schon die dritte, die durch Medjugorje gekommen ist!"

Vom Sünder zum Diener Gottes

Ein junger Priester mit Namen Donald Calloway erzählt über seine außergewöhnliche Bekehrung. „Ich lebte in einer Hölle. Mein Leben war geprägt von Alkohol, Drogen, Frauen. ... Meine Mutter wollte mir helfen und nach ihrer Bekehrung versuchte sie, mir den katholischen Glauben näher zu bringen.

Eines Nachts saß ich in meinem Zimmer und wußte, daß dieses Leben für mich den Tod bedeutete.

Ich ging zu dem Bücherregal meiner Eltern, um in irgendeinem Buch die Bilder zu betrachten. Mir fiel ein Buch in die Hände mit dem Titel: „Die Königin des Friedens besucht Medjugorje". Was war das? Ich schaute auf die Bilder und sah sechs kleine Kinder mit gefalteten Händen. Ich war beeindruckt und begann zu lesen.

„Die sechs Seherkinder sehen gerade die gesegnete Jungfrau Maria." Wer sollte das sein? Ich hatte noch nie etwas von ihr gehört. Ich verstand zunächst nicht die Worte, die ich nun las. Was bedeutete Eucharistie, Heilige Kommunion, Allerheiligstes Sakrament des Altares und Rosenkranz?

Ich las weiter. Maria sollte meine Mutter sein? Hatten meine Eltern etwa vergessen, mir etwas zu sagen? Maria sprach über Jesus, daß er Wirklichkeit ist, daß er Gott ist, und daß er am Kreuz für alle Menschen gestorben ist, um sie zu erlösen. Sie sprach über die Kirche, und wie sie darüber sprach, ließ mich aus dem Staunen nicht mehr herauskommen. Ich wußte: Das ist die Wahrheit und ich hatte vorher noch niemals die Wahrheit gehört! Sie erzählte mir von demjenigen, der mich ändern konnte, von Jesus! Ich liebte diese Mutter.

Die ganze Nacht über las ich das Buch und am nächsten Morgen war mein Leben nicht mehr dasselbe. Frühmorgens sagte ich meiner Mutter, daß ich mit einem katholischen Priester sprechen müsse. Sofort rief sie den Priester an. Der Priester versprach mir, daß ich mit ihm nach der Heiligen Messe sprechen könne.

Während der Priester bei der Heiligen Wandlung in der Heiligen Messe die Worte sprach: „Das ist mein Leib, der für Euch hingegeben wird!", habe ich fest an die Wahrheit dieser Worte geglaubt. Ich glaubte an die wirkliche Anwesenheit Jesu und war unbeschreiblich glücklich.

Meine Bekehrung schritt immer weiter voran. Ich trat in eine Gemeinschaft ein und studierte Theologie. Im Jahr 2003 wurde ich schließlich zum Priester geweiht.

Jesus, unser Heiland und Erlöser hat diesen jungen Mann aus der Hölle geführt und ihn auf wunderbare Weise gerettet. Nun reist er von Ort zu Ort und predigt. Er will, daß alle Menschen erfahren, daß Jesus aus einem großen Sünder einen Diener Gottes machen kann. Für Gott ist alles möglich!

Bekehrung von Sohn und Tochter

Wie eine Familie den Wert der Heiligen Messe entdeckt hat und wie ihr das erhabene Gebet geholfen hat, ihren Sohn und ihre Tochter zu bekehren

Ich lernte sie in Medjugorje kennen. Einige Male waren sie schon in Lourdes und in Fatima gewesen. Medjugorje gewannen sie eben deswegen lieb, weil es ihren Glauben wachgerüttelt hat und sie den Wert des Gebetes kennen lernen durften, besonders den Wert der Heiligen Messe.

Sie kamen mehrere Male im Jahr und hatten einen alkoholabhängigen Sohn. Während der Heiligen Messe beteten sie immer für ihn: „Gott, alles ist Dir möglich; bitte höre auf die Fürsprache der Königin des Friedens; bitte, hilf unserem Sohn! Bekehre ihn und befreie ihn von allen Abhängigkeiten! Wir übergeben und weihen Dir alles! Auf daß Dein Wille mit ihm geschehe. ...!"

Die Eltern beteten jeden Tag einige Rosenkränze für ihn, gingen jeden Tag in die Heilige Messe und dankten Gott für alles. Und Gott erhörte ihr Gebet.

Ihr Sohn kam nach einem sehr schweren Autounfall, der ihn beinahe das Leben gekostet hatte, nach Medjugorje und erlebte dort seine persönliche Begegnung mit Jesus. So sehr hatte er sich bekehrt, daß er seine Lebensbeichte ablegte und nun begann, Tag für Tag mehr zu beten.

Sein Herz hatte sich Gott so sehr geöffnet, und die Wirkung des Heiligen Geistes war so stark, daß er dem Ruf Gottes geantwortet hat.

Er begann, Theologie zu studieren und wurde schließlich im Jahr 2002 zum Priester geweiht.

Die Eltern sahen nun, daß Gott ihr Gebet erhört hatte und fasteten für die Bekehrung ihrer Tochter. Und abermals wurden sie von Gott erhört.

Die Tochter bekehrte sich. Sie ist nun eine überzeugte Christin und mit Gott im Gebet verbunden.

Wirklich, Gott vermag alles,
wenn wir in allem Seinen Willen
suchen und alles für Seine Ehre tun.

Bekehrung in letzter Stunde

In Augsburg (im Jahre 1927) lag ein 20-jähriger junger Mann mit einer tödlichen Krankheit auf dem Sterbebett.

In seinem Zimmer hing an der Wand ein schlichtes Herz-Jesu-Bild. Sehr oft richtete er seinen Blick auf das Bild. Trotz allem kam ihm kein frommer Gedanke, sondern im Gegenteil höllische Lästerungen und Flüche.

Seine Mutter hatte viel Sorge um ihn und ahnte wohl, daß der letzte Tag seines Lebens angebrochen war.

Mit verweinten Augen saß sie da und rief zu Gott um Erbarmen für ihren verlorenen Sohn. „Kind", sagte sie mit der ganzen Liebe eines sorgenden Mutterherzens, „bitte doch nur ein einziges Mal den lieben Gott um Verzeihung für Dein Sündenleben!"

Er aber antwortete mit einem schrecklichen Fluch und schrie: „Dich und mich kann der T..... holen, wann er will!"

Eben läutete es von der nahen Pfarrkirche zur Heiligen Messe. Da hielt es die Mutter nicht länger; sie warf einen flehenden, schmerzvollen Blick auf das Herz-Jesu-Bild, eilte zum Gotteshaus. Im Heiligtum warf sie sich auf die Knie und weinte bitterlich.

Als die Heilige Wandlung kam, rief sie aus blutendem Herzen für ihren armen Sohn mehrere Male die Worte des Schächers (Lk 23,42): „Herr, gedenke meiner, wenn Du in Dein Reich kommst!"

Dann opferte sie unter Tränen das kostbare Blut des Erlösers auf für die Rettung ihres Kindes.

Nach der Messe kehrte die Frau zurück, getröstet und doch voll Angst, der Kranke könne sie wieder mit einem Fluch empfangen. Doch siehe da, welche Wandlung!

„Mutter", rief er „wie habe ich Dich all die Jahre behandelt und was für ein Sündenleben habe ich hinter mir!"

Todesblaß deutete er mit seiner rechten Hand auf das Herz-Jesu-Bild und sagte: „Vor einer Viertelstunde war mir, als schaute mich dieses Bild an und spräche dabei die Worte: Wenn Du bereust, wird Dir Deine Schuld vergeben!"

Flehentlich bat er um einen Priester, dem er bereits eine halbe Stunde später unter heißen Reuetränen die Schuld seines Lebens bekannte. Unmittelbar darauf empfing er unter allen Zeichen einer völligen Umkehr die Sterbesakramente. Als die sinkende Abendsonne ins Zimmer schien, fiel ihr milder Schein auf das friedliche Antlitz eines Toten. Vor dem Herz-Jesu-Bild aber lag die Mutter auf den Knien und dankte in innigem Gebet dem Herzen des Heilands für seine Barmherzigkeit.

Simon wurde auf der Stelle geheilt

Hilflos lag der zwölfjährige Simon auf seinem Krankenlager. Er hatte noch nie in seinem Leben einen Schritt gehen können, denn seine Hüfte war vereitert und von Tuberkulose befallen.

Die Angehörigen hatten ihn nach Lourdes, dem bekannten Marienwallfahrtsort, gebracht.
Nun wartete er mit den anderen Kranken auf den Segen des Priesters mit dem Allerheiligsten.
Als der Geistliche mit der Heiligen Hostie an ihm vorbeigehen wollte, faßte er mit beiden Händen nach dem Velum und hielt den segnenden Priester zurück.
Niemand war in der Lage, seine Hände zu lösen.
Der zwölfjährige Junge rief: „Nein, ich lasse erst los, wenn ich geheilt bin."
Krampfhaft hielt er sich fest. Alles Zureden und Ermahnen half nicht. Doch plötzlich lockerte sich sein Griff. Simon konnte aufstehen und umhergehen.
Sein Vertrauen zu Jesus wurde reichlich belohnt.
Gott hatte ihn auf die Fürbitte Mariens auf der Stelle geheilt.

Heilige Maria bewahre ohne Sünde mein Herz und meinen Leib!
Papst Pius XI.

Sie freute sich über die Hl. Kommunion

Eine Frau, die 64 Jahre lang evangelisch war, wurde schließlich Katholikin.
Was war geschehen? Als sie unter Krebs litt, lernte sie eine Frau kennen, die zu ihr sagte. Warum pilgerst Du nicht zur Mutter der göttlichen Gnade nach Herolsbach?
Ich befolgte diesen Rat. Dort betete ich einfach: „Jesus, ich weiß nicht, wie ich zu Dir beten soll. Ich glaube an Dich. Schaue voll Mitleid auf mich! Bitte hilf mir und höre auf die Fürsprache Deiner lieben Mutter".
Und meine schreckliche Krankheit verschwand. Ich war wieder gesund. Von nun an konnte ich nicht mehr ohne die Heilige Kommunion und die Heilige Messe leben. So wurde ich Katholikin.
Wir Katholiken wissen nicht, welche Freude und Gnade wir haben.

Heilung von Multiple Sklerose

Diana Basile aus Ferra in der Nähe von Mailand war an Multiple Sklerose erkrankt. Ihr Zustand verschlechterte sich tagtäglich. Ihr rechtes Auge war bereits abgestorben. Die Ärzte waren hilflos.
Diana hörte von den Erscheinungen in Medjugorje und hatte den brennenden Wunsch dorthin zu fahren, um dort die Muttergottes um ihre Heilung zu bitten.

Sie kam nach Medjugorje und konnte in der Kirche bei einer Erscheinung anwesend sein.
Für sie war die Zeit der Erscheinung sehr erschütternd und unbeschreiblich. Sie hat durch die Muttergottes Jesus alles übergeben.
Nach der Erscheinung fühlte sie sich sehr gut und konnte ohne fremde Hilfe aufstehen. Mit Dankbarkeit feierte sie nun die Heilige Messe mit.
Am nächsten Tag ging sie von ihrem Hotel in Ljubuški bis zum Erscheinungsberg 12 Kilometer zu Fuß, um der lieben Gottesmutter für ihre Heilung zu danken.

Keine Krücken mehr nötig

Die Amerikanerin Frances Russel aus Boston konnte sich nach einem schweren Unfall 16 Jahre lang nur mit der Hilfe von Krücken fortbewegen. Sie mußte sich in dieser Zeit fünf sehr komplizierten Operationen unterziehen.

Schließlich hörte sie von Medjugorje und fand eine Gelegenheit dorthin zu fahren. Schon immer hatte sie eine tiefe Liebe zur Muttergottes. Immer, wenn es ihr besonders schlecht ging, bat sie die Muttergottes um die Fürsprache bei ihrem Sohn, um wieder neue Kraft zu erlangen.
Während der Heiligen Messe und der anschließenden Anbetung fühlte sie, daß mit ihr etwas Wunderbares geschieht. Als sie am nächsten Morgen aufstand, war sie geheilt. Sie konnte gehen und brauchte keinerlei Hilfe mehr. Für alle Pilger war diese Heilung ein Zeichen der Liebe Gottes.

Eine Ordensschwester, die Pilgerfahrten leitet, sagte: „Ich war bereits 54 Mal in Medjugorje. Ich habe so viele Wunder gesehen, Herzen wandelten sich, kranke Körper wurden geheilt. Ich bin so glücklich, daß Frances nun auch geheilt wurde. Ich danke dem Herrn dafür!"

Frances sagte: „Zweifeln Sie nie an der Liebe Gottes und an der Liebe der Muttergottes! Gott liebt und kennt jeden von uns und die Muttergottes ist die mächtige Fürsprecherin!"

Die wunderbare Heilung eines jungen Mannes

Die allerseligste Jungfrau Maria war und wird auf ewig die Mutter Jesu bleiben, so wie auch Er auf ewig ihr geliebter Sohn bleiben wird. Damit sich diese Tatsache tief in unser Gedächtnis eingräbt, sei hier ein Geschehen aus Lourdes beschrieben, über das der „Bote des allerheiligsten Herzens Jesu" in seiner Ausgabe vom Februar 1928 berichtet.

In diesen Jahren reiste ein junger, schwer kranker Mann nach Lourdes. Noch am Tag seiner Ankunft nahm er an der eucharistischen Prozession teil, die von einem Kardinal angeführt wurde. Wie gewöhnlich warteten am Ende der Prozession die Kranken in ihren Betten und Rollstühlen auf den Segen mit dem allerheiligsten Sakrament.

Als der Kardinal zu dem jungen Mann kam und ihm mit dem allerheiligsten Sakrament den Segen gab, rief dieser voll Vertrauen und mit lebendigem Glauben: „Jesus, Sohn Mariens, heile mich!" Doch Jesus heilte ihn nicht.

Nun schob die ihn betreuende Schwester den Kranken in seinem Rollstuhl hinter dem Kardinal her, und der junge Mann rief jetzt: „Jesus, Du hast mich nicht geheilt! Gut! Das werde ich Deiner Mutter erzählen!"
Als der Kardinal diese Worte voll kindlichen Vertrauens hörte, drehte er sich um und segnete ihn noch einmal. In diesem Moment geschah das Wunder. Der junge Mann erhob sich aus dem Rollstuhl und war vollkommen geheilt!

Dieses wunderbare Geschehen illustriert uns sehr schön die Tatsache, daß sich auch im Himmel zwischen Maria und ihrem göttlichen Sohn nichts verändert hat. Sie wird für immer Seine Mutter bleiben und Er ihr geliebter Sohn, der ihr keine Bitte abschlagen kann. Das war dem jungen Mann genau bewußt, und in seinem festen Glauben daran drohte er Jesus damit, sich bei Seiner Mutter zu beklagen. Jesus reagierte darauf nicht verärgert, sondern - als ob Er sich vor dieser Drohung fürchte - tat Er ein großes Wunder und schenkte dem Kranken die Gesundheit.

Möge dies auch für uns ein Ansporn sein, gleich nach Gott Vater, Seinem göttlichen Sohn und dem Heiligen Geist auf die Muttergottes zu bauen und sie zu lieben. Sie wird uns nichts schuldig bleiben und für uns unaufhörlich Fürsprache bei ihrem göttlichen Sohn einlegen!

Die wunderbare Heilung
von Bruder Leo Schwager aus Freiburg

Bruder Leo erzählt: „Als ich in Lourdes auf den Krankensegen wartete, betete ich mit ganzem Herzen. Langsam aber sicher näherte sich das Allerheiligste. Mein Glaube wuchs. Ich hoffte und betete beharrlich: ‚Mein Gott, wenn Du willst, kannst Du mich heilen! Heiligste Jungfrau, bitte für mich!'

So betete ich also während des Krankensegens. Plötzlich spürte ich einen elektrischen Schlag und stand aus meinem Rollstuhl auf. Allerdings bemerkte ich das in diesem Moment gar nicht. Ich kniete vor dem Allerheiligsten Sakrament nieder und war bis zum Ende der Prozession in tiefem Gebet versunken. Erst dann bemerkte ich, daß ich vor meinem Rollstuhl kniete, und mir wurde bewußt, daß ein Wunder geschehen war.

Ich blieb gesund und komme seither ohne jegliche Stütze aus. Es geht mir gut, und ich bin fest davon überzeugt, daß ich durch die Fürsprache der Unbefleckten Jungfrau Maria vollkommen genesen bin. Seit diesem Augenblick bin ich voller Freude und Dankbarkeit. Es ist sehr, sehr schwer, das niederzuschreiben, was eigentlich nicht zu erklären ist. Es ist einfach übernatürlich und daher kaum zu fassen.

Dies ereignete sich an einen Tag, nachdem ich eine Novene zu Ehren der Unbefleckten beendet hatte. Ganz bewußt spürte ich alle Lähmungen, jedes Leiden und sämtliche Lasten verschwinden, ebenso meine unerträglichen Schmerzen, die bis dahin so schlimm waren. Heute, am 3. Mai habe ich normal und ohne Qualen essen können."

Bruder Leo Schwager aus Freiburg (Schweiz) litt seit 1947 an Multiple Sklerose. Er wurde am 30. April 1952 in Lourdes geheilt. Diese wunderbare Heilung wurde am 18. Dezember 1960 anerkannt.

Unsere Leiden, Schmerzen und Qualen können wir Gott als Genugtuung für alle Beleidigungen, Kränkungen und Sünden darbringen. So ertragen und erdulden wir alles leichter!

Die Hl. Kommunion als Stärkung fürs Leben

Die Regierung Russlands wollte früher von Christus und Seiner Kirche nichts wissen. Viele Christen wurden daher verfolgt und ins Gefängnis gesteckt. Dies geschah auch mit Bischof Sloskans. Kaum zwei Jahre nach seiner Bischofsweihe wurde er an die Geheimpolizei verraten und verhaftet. Man schickte ihn in ein Straflager am Eismeer im Norden Russlands. Sein Gefängnis war ein kleiner Kellerraum, modrig und feucht. Er mußte diesen Raum mit 20 anderen Gefangenen teilen. Und alle hatten große Sehnsucht nach einem winzigen Stück weißen Brotes, nach der Heiligen Kommunion. „Wenn doch der Bischof einmal für uns die Heilige Messe feiern könnte!" Eines Tages hatte ein Wärter Mitleid und besorgte ganz heimlich etwas weißes Brot und ein wenig Wein.

Dann feierte der Bischof die Messe, die er auswendig zelebrieren konnte. Jeder Gefangene empfing die Heilige Kommunion. Sie weinten vor Freude und wußten: Wir sind nicht mehr allein. Jesus ist bei uns, verborgen im Brot. Gott liebt uns! Wir haben keine Angst!
Nach vielen Jahren kamen die Gefangenen nach und nach frei. Sie bekannten: „Ohne diese Hl. Kommunion, also ohne den Leib Jesu, hätten wir das nie überstanden!"

„Wie mein Gott will. Sein Wille ist der beste" (Kirchenlied).

Tut dies zu meinem Gedächtnis

Wie eine Frau von Krebs geheilt worden ist?

Pater Matthäus erzählt, wie Petra an einem Sonntag zu ihm in die Sakristei kam und über ihr Schicksal klagte.

Dabei konnte sie jedoch nur flüstern, weil ihr das sprechen so schwer fiel. Sie sagte: „Pater, zwei Jahre lang hat mich mein Hausarzt ohne jeden Erfolg behandelt. Aber er hat mich immer wieder vertröstet und gemeint, daß es schon noch besser würde. Schließlich schickte er mich endlich zu einem Spezialisten, der bei mir einen großen Tumor in der Kehle feststellte. Und er meint, ich müsse mich so schnell wie möglich operieren lassen."

Ich erwiderte ihr: „Kein Problem. Schöpfen Sie Hoffnung! Ihr Arzt ist hier!" Damit meinte ich Jesus, und fuhr fort: „Er kommt während der Heiligen Messe in der Heiligen Kommunion zu Ihnen! Sagen Sie ihm einfach alles, denn ihm ist alles möglich!" So empfing sie Jesus in der Heiligen Kommunion. Doch da geschah etwas Seltsames. Nachdem sie Jesus empfangen hatte, konnte sie überhaupt nicht mehr sprechen und nur noch sehr schwer atmen. Nach der Heiligen Messe kam sie noch zu mir in die Sakristei, damit ich ihren Zustand sehe und ging dann nach Hause. Tags darauf rief sie mich an und erzählte mir, was nun passiert war: Als sie kommuniziert hatte, war ihr die Hostie im Halse stecken geblieben und so hatte sie Jesus gebeten: „Herr, Du bist jetzt so nahe bei dem Tumor. Du kannst mich heilen und mich befreien!"

Sie bemerkte erstaunt, daß sie nach einiger Zeit besser und ruhiger atmen und sogar wieder sprechen konnte. Am Montagmorgen eilte sie sofort zu ihrem Arzt, um sich untersuchen zu lassen. Der Arzt lehnte dies zunächst ab, da er kein anderes Ergebnis erwartete, doch sie bestand darauf. Voll Erstaunen sagte er zu ihr: „Liebe Frau, ich kann bei Ihnen keinerlei Spuren des Tumors mehr feststellen!"
Wie sehr dankte diese Frau Gott hierfür und legte vor der ganzen Gemeinde Zeugnis ab, daß sie durch die Heilige Kommunion geheilt worden war. Das heißt durch Jesus!

In ein paar Minuten kommt Dein Arzt

Patrik kam vor der Heiligen Messe zu mir in die Sakristei und sagte: „Pater, es geht mir sehr schlecht. Ich kann nicht einmal stehen bleiben. Meine Mutter wollte mich schon ins Krankenhaus bringen. Ich aber wollte vorher noch in die Kirche. Entschuldigen Sie, aber ich muß mich hinsetzen. Würden Sie bitte kurz für mich beten."

Ich entgegnete: „Mein Lieber, in fünf bis sieben Minuten kommt Dein Arzt, denn die Heilige Messe beginnt und er wird Dich behandeln!" Langsam ging er in den Kirchenraum und setzte sich dort in eine Bank.

Nach der Heiligen Messe kam er wiederum zu mir in die Sakristei, weinte und sagte: „Pater, ist es möglich, daß Gott mich so sehr liebt? Ich kann mein Gefühl während der Heiligen Messe nicht mit Worten beschreiben. Aber ich habe mich so wohl gefühlt. Ich spürte eine unglaubliche Wärme und Milde. Es war für mich ein derart tiefes Erlebnis, daß ich nun Bäume ausreißen könnte."

Erschütternde Beichte von Christina

Am Palmsonntag 1987 bin ich durch Gottes Fügung zum ersten Mal nach Medjugorje gekommen, obwohl ich mich monatelang gesträubt hatte, hinzufahren. Als ich ankam, war ich Atheistin und hielt deshalb auch die Marienerscheinungen grundsätzlich für unmöglich. Als ich nach drei Wochen wieder abfuhr - nur eine Woche Aufenthalt war geplant - war ich gläubig und hatte nur den einen Wunsch, mich wie ein kleines Kind an Maria zu klammern und ihre Hand niemals loszulassen, damit sie mich immer näher und näher zu Jesus führe.

Obwohl mein Elternhaus katholisch ist, habe ich mich seit meiner Kindheit immer mehr von Gott und seiner Kirche entfernt. Mit 14 Jahren habe ich mich vom Religionsunterricht abgemeldet und mich auch geweigert, sonntags zur Kirche zu gehen. Natürlich habe ich deshalb ebenfalls nicht mehr gebeichtet oder gebetet. Es begann eine lange Trotzphase, in der ich meine vermeintliche Freiheit und Selbstbestimmung gesucht habe.

Ich wollte keine Autorität und Norm mehr anerkennen, weil ich mich dadurch eingeengt fühlte. Unter Freiheit verstand ich, alles auszuprobieren, was es gab, und alles für erlaubt zu halten: Sex, Alkohol, später auch Haschisch, Ladendiebstähle, atheistische und anarchistische Bücher, Kneipen, Diskotheken, Rockkonzerte. Protest und Konflikte mit meinen Eltern bestimmten in den folgenden Jahren in zunehmendem Maße mein Leben.

Gott hielt ich für eine Erfindung, die Situation des Menschen im Grunde für absurd, und die meisten Leute entweder für naiv und manipuliert oder für grausam, oberflächlich und zynisch, ohne zu merken, daß ich selbst so wurde. Meine Reaktion bestand aus Ekel, Kritik, Hohn und Selbstzerstörung. Trotz vieler Zerstreuungen wie Nachtleben, Alkohol, Drogen, Kino, Theater, wechselnder Freunde, war mein Inneres leer und liebeshungrig. Jetzt weiß ich, daß die Liebe, die ich gesucht habe, nicht in der Welt zu finden ist, sondern nur bei Gott. Damals war ich frei bis zur Verzweiflung und kannte keinen Frieden im Herzen. So habe ich bis vor einem Jahr gelebt.

1985 hat mein Vater zufällig von Medjugorje gehört und ist noch im selben Jahr hingefahren. Er kam ganz begeistert zurück, und ein Jahr später ist der ganze Rest unserer Familie dort gewesen, nur ich noch nicht, obwohl mir natürlich alle davon erzählten. Ich wohnte aber in der Zeit schon nicht mehr bei meinen Eltern und reagierte manchmal richtig aggressiv, wenn ich wieder etwas von diesen „Marienerscheinungen" hörte. Meistens habe ich mich darüber lustig gemacht. Mit der Zeit jedoch veränderte sich das Verhalten meiner Eltern. Sie waren mir gegenüber offener und haben mir weniger Vorwürfe gemacht, selbst, wenn ich unfreundlich und schlecht gelaunt war. Ich hatte zum ersten Mal das Gefühl, daß sie mich so akzeptieren, wie ich bin. Trotzdem war ich weit davon entfernt, die Botschaften von Medjugorje annehmen oder mich auch nur dafür zu interessieren. Allerdings wurde auch ich toleranter. Ich dachte: „Na ja, vielleicht ist das ja eine gute Bewegung, aber mein Platz kann dort nicht sein, nicht da bei den Katholiken". Ich lebte mein Leben weiter wie bisher, vielleicht auch qualvoller als bisher.

Am Freitag vor Palmsonntag 1987 fuhr meine Mutter mit meinem jüngsten Bruder und meinem Cousin zur Gospa, und ich wollte wieder mal partout nicht mitfahren, obwohl ich gerade Ferien hatte. Mir war, als hätte ich in Medjugorje etwas zu verlieren, das ich nicht aufgeben wollte. Kaum war meine Mutter abgefahren, da überkam mich eine gewisse Unruhe, und ich bedauerte nun doch ein bißchen, nicht mitgefahren zu sein. Einen Tag später, am Samstag, saß ich im Zug Richtung Süden, vom Gebet meines Bruders und meines Vaters begleitet.

Nach 30 Stunden Fahrt kam ich am Sonntagabend nach der Abendmesse in Medjugorje an und war ziemlich gereizt darüber, daß ich nun doch da war, wo ich nie hinwollte. Auf der Suche nach der Gastfamilie meiner Mutter habe ich Pater Petar getroffen, der mich mit dem Auto dorthin brachte. Auf seine Frage habe ich mich sehr gehen lassen und gebrummt: „Ich weiß selber nicht, warum ich hier bin. Marienerscheinungen interessieren mich nicht, und an Gott glaube ich auch nicht".
Da hat Pater Petar gestrahlt und gesagt: „Bin ich froh, daß Sie hier sind, den Rest wird die Gospa schon machen." Ich muß zugeben, ich war recht verblüfft.

Auch meine Mutter fiel aus allen Wolken, da sie mich überhaupt nicht erwartete. Die ersten Tage in Medjugorje waren furchtbar. Ich bin allein auf den Bergen herumgelaufen und habe gedacht: „Kein Wunder, daß die Menschen bei dieser wunderschönen Landschaft auf die Idee kommen, ein Gott hätte sie erschaffen." Weil ich nicht wußte, was ich sonst tun sollte, bin ich abends in die Messe gegangen, und auch das war eine Qual. Ich saß auf dem Boden zwischen all den Gläubigen und fühlte mich wie ein

Verräter, wie eine Aussätzige. Ich hielt ja Gott für eine Erfindung der Menschen und bedauerte, daß man nicht auch ohne Glauben an Gott so viel Liebe und Frieden haben könnte. Ich war abgrundtief traurig darüber, daß das alles auf der Lüge von der Existenz Gottes aufgebaut sein sollte. Ich dachte, ich allein müßte in heroischem Nihilismus die verzweifelte Wahrheit tragen, ohne metaphysischen Trost. So verdreht und kompliziert war ich.

Am Gründonnerstag bat mich meine Mutter nach der Abendmesse, noch zur Anbetung des Allerheiligsten in die Seitenkapelle mitzukommen. Da ich nicht allein nach Hause gehen wollte, stimmte ich zu. Um nichts in der Welt hätte ich mich damals hingekniet, also lümmelte ich mich, innerlich zerrissen, auf den Fußboden. Es fällt mir heute schwer, in Worte zu fassen, was dann mit mir geschah.

Die deutsche Gruppe sang zusammen mit Pater Slavko das „Heilig" von Schubert und - ich glaubte. Ich kann das nicht anders beschreiben. Von einem Moment zum anderen glaubte ich, daß es Gott gab, und daß er Mensch geworden ist, und daß er Brot geworden ist, und daß er da war, jetzt, hier in der Hostie. Ich mußte hemmungslos weinen. Auch in den nächsten Tagen habe ich viel geweint, aber gleichzeitig die barmherzige Liebe Gottes erfahren. Karsamstag habe ich gebeichtet und dann Ostern gefeiert. Auch ich war vom Tod auferstanden. Nach Ostern bin ich noch zwei Wochen allein in Medjugorje geblieben. Jetzt erst konnte ich mich den Erscheinungen und dem, was Maria mir zu sagen hatte, öffnen. Ich habe gespürt, daß sie meine Mutter ist und mich an die Hand nimmt und immer mit ihrem Lächeln bei mir ist. Monatelang war ich selig, wenn ich in der Messe war, betete, oder nur den Namen Marias oder Jesus aussprach oder nur daran dachte.

Ostern 1988 war ich das vierte Mal in Medjugorje. Auch in Deutschland hat sich mein Leben völlig verändert, wie ich es mir niemals hätte vorstellen können. Ich habe aufgehört zu rauchen, zu trinken, Konservenmusik zu hören. Ich bin wieder froh, die

Heilige Messe ist der Höhepunkt des Tages, und es macht mich überglücklich, daß der König der Könige durch die Heilige Kommunion in mein Herz kommt, um mich zu lieben und um durch mich alle zu lieben, denen ich begegne. Ich bin sicher, daß Gott mich auch in Zukunft durch Maria führen wird; ich will mich überraschen lassen, wohin.

Christinas Bekehrung zeigt uns, was Gott alles vermag. Sie befindet sich in einer Gemeinschaft, in der das Leben so organisiert ist, daß man durch Maria Jesus dient, indem man die Botschaften von der Königin des Friedens lebt. Christina will ihr Leben Gott widmen, indem sie Buße für die Bekehrung der hartnäckigen Sünder tut.

Ohne Bekehrung, ohne Lebens-, Meinungs- und Verhaltensänderung gibt es kein Heil. Deswegen ertönen Christi Worte immer wieder: „Kehrt um und glaubt an das Evangelium!"

Und die Königin des Friedens wiederholt unermüdlich seit Jahren: „Meine Kinder, bekehrt Euch ... bekehrt Euch!!!" Selig sind wir, wenn wir dieser Stimme folgen und auf diesen Ruf antworten. Das wird der Anfang unseres Heils sein!

Wer in die Kirche geht, lebt länger

Ein ausgeglicheneres und glücklicheres Leben führen jene Menschen, die an Gott glauben. Das geht aus einer Studie in den USA hervor.

Wie eine vom „Human Population Laboratory" an der Universität in Berkeley durchgeführte Studie zeigt, leben jene Menschen, die regelmäßig den Gottesdienst besuchen, eindeutig länger. Diese Tatsache und die Ergebnisse der Studie wurden bereits im vergangenen August vor der Vereinigung der amerikanischen Psychologen vorgetragen und sollen jetzt im „International Journal for Psychiatry and Medicine" publiziert werden.

Doug Oman von der Universität Berkeley hatte die Langzeitstudie seit 1965 an über 6.545 Einwohnern von Alameda in den USA durchgeführt. Die Ergebnisse sind beeindruckend: Nach Omans Einschätzung stärkt der Glaube an Gott die Fähigkeit, mit Streß umzugehen und wirkt beruhigend auf die Menschen. Das wiederum hilft ihnen, ein ausgeglicheneres und glücklicheres Leben zu führen und somit auch älter zu werden.

Die Ergebnisse zeigen auch, daß die Wirkung bei Frauen noch größer als bei Männern ist. Auch bei verschiedenen Krankheiten, vor allem bei streßbedingten Problemen wie Herzbeschwerden, Atemnot und Verdauungsproblemen, wirke sich der Glaube an Gott und der regelmäßige Besuch des Gottesdienstes beruhigend aus.

Wissenschaftlich erwiesen: Kirchgänger leben länger

Quelle: (www.kath.net 29.12.2001)

Gottesdienstbesuche verhelfen zu einem ausgeglicheneren Leben

dies stellte eine dänische Studie fest.

Gottesdienstbesucher leben länger. Das ist das Ergebnis einer wissenschaftlichen Untersuchung der Universität Kopenhagen. In einer Langzeitstudie begleitete das Institut seit 1984 insgesamt 734 Einwohner des Kopenhagener Vororts Glostrup, die in diesem Jahr ihr 70. Lebensjahr vollendet hatten. Dabei wurden die Rentner gefragt, wie oft sie den Gottesdienst besuchen. Gleichzeitig wurde ihr Gesundheitszustand regelmäßig überprüft. Das Ergebnis der Studie: Frauen, die regelmäßig in die Kirche gehen leben 2,25 Jahre länger als diejenigen, die eher selten einen Gottesdienst besuchen. Bei Männern betrage der Unterschied rund 1,5 Jahre. Gegenüber der norwegischen Tageszeitung „Vart Land" erklärte der mit der Untersuchung befaßte Mediziner Peter La Cour, ein Kirchgänger höre jeden Sonntag von der Kanzel, daß sein Leben Sinn mache. „Ein Besuch eines Gottesdienstes sorgt nicht für Streß, und viele erleben auch innerlich Ruhe und Frieden in einer Kirche." Auch das soziale Netzwerk der Gemeinde trage dazu bei, daß Kirchgänger ein ausgeglicheneres Leben führten.

Quelle: (www.kath.net 15.07.2005)

4. Gebete

„Ihr feiert die Eucharistie nicht wie Ihr solltet. Wenn Ihr wüsstet, welche Gnade und welche Gaben Ihr bekommt, würdet Ihr Euch jeden Tag mindestens eine Stunde auf die Heilige Messe vorbereiten!" (Jungfrau Maria aus Medjugorje)

Das wichtigste Gebet - die Hl. Messe
Die Hl. Messe ist unsere Mitte und unser Leben!
Die Mitte, wovon wir leben!
Aus Liebe gehen wir zur Messe!

Für die heilige Kirche

In Vereinigung mit dem unbefleckten Herzen Mariens grüße und verehre ich die Heilige Wunde Deiner rechten Hand, o Jesus, und in diese Wunde lege ich alle Priester Deiner heiligen Kirche. Gib Du ihnen, sooft sie Dein heiliges Opfer feiern, das Feuer Deiner göttlichen Liebe, damit sie es weitergeben können an die ihnen anvertrauten Seelen. Ehre sei dem Vater ...

Vor der Hl. Messe

V. Herr Jesus Christus, Du hast gesagt: „Wo zwei oder drei in meinem Namen beisammen sind, da bin ich mitten unter ihnen."
A. Du bist gegenwärtig in Deiner Gemeinde, die sich um den Altar versammelt hat.
V. Du bist gegenwärtig im Wort des Evangeliums, das wir heute hören werden.
A. Du bist gegenwärtig in den Zeichen von Brot und Wein beim Hl. Opfer, das wir nun feiern.
V. Gib, daß wir den Dienst an Deinem Wort und an Deinem Altar immer in Ehrfurcht und Freude vollziehen.
A. Laß uns mit der ganzen Gemeinde Dich loben und preisen - bei diesem Gottesdienst und in unserem ganzen Leben. Amen.

Zur Hl. Messe

All meine Gedanken, Worte und Werke und mein Herz lege ich Dir auf den Opferaltar, um sie Dir, himmlischer Vater, vereinigt mit den Gebeten der heiligen Kirche, aufzuopfern. Nimm, o mein Gott, dieses Opfer gnädig an und heilige es, daß es Dir zur Ehre und Verherrlichung gereiche.

Mein Vater, Du hast mich angenommen als Dein Kind und schenkst mir Deine Liebe durch Jesus und in Jesus, Deinem göttlichen Sohn. So komm, mein Jesus, und durchdringe mich mit dem Feuer Deiner göttlichen Liebe, daß all meine Gedanken, Worte und Werke immer mehr den Deinen ähnlich werden.

Himmlischer Vater, ich opfere Dir das heiligste Herz Jesu zusammen mit meinem Herzen auf. Ich möchte es Dir schenken mit all der Liebe, all den Leiden und all den Verdiensten Jesu Christi, sooft Er sich im Heiligen Opfer Dir, Vater, darbringt zu Deiner immer währenden Ehre und Verherrlichung, zum immer währenden Dank für all Deine Gnaden und Wohltaten, zur immer währenden Sühne für meine und der ganzen Welt Sünden und für die Bekehrung der armen Sünder.

Nach der Hl. Messe

V. Herr Jesus Christus, in der Hl. Messe haben wir Deinen Tod und Deine Auferstehung verkündet.
A. Wir freuen uns, daß Du bei uns bist und uns zum Vater führst.
V. Wir haben wieder die Gemeinschaft mit Dir und untereinander erlebt.
A. Das wollen wir auch im Alltag nicht vergessen: Wir wollen uns achten und gegenseitig helfen. Darum segne uns - und alle, denen wir heute begegnen werden. Amen.

Bei der Heiligen Wandlung

Abba, lieber Vater im Himmel, Du großer, allmächtiger Gott, hier auf diesem Altar bringt sich Dir Jesus durch die Hand des Priesters auf unblutige Weise erneut zum Opfer dar, wie er sich am Stamm des Kreuzes geopfert hat für unsere Sünden. Unserem Vater Abraham hast Du es im letzten Augenblick erspart, seinen Sohn zu opfern; Du aber hast Deinen vielgeliebten Sohn nicht geschont und ihm das schmerzlichste aller Opfer abverlangt. Wie groß muß unsere Schuld sein, die Gleichgültigkeit gegenüber Deiner grenzenlosen Liebe, die Verachtung Deiner Gebote, die nur unser Bestes wollen.

Abba, lieber Vater, Jesus bringt sich Dir dar und wir schließen uns ihm an, wir stellen uns neben seine Mutter unter das Kreuz, durch ihre Hände, durch ihr schmerzvolles und unbeflecktes Herz bringen auch wir Dir Jesus dar, sein Blut, das unsere Schuld tilgt, sein unschuldiges Leben, sein Herz, das für uns verblutet, seinen Geist, den er in Deine Hände legt.

Mit Jesus übergeben wir Dir auch unsere bescheidene Gabe, unser Leben, unseren guten Willen, all unser Abmühen für Dein Reich. Unsere Gabe ist klein, aber seine Gabe ist unendlich groß, schau, welch kostbares Lösegeld wir plötzlich in unseren Händen haben, welche Reichtümer seines Herzens, welche Schätze seiner Gnade.

Hätten die Ungläubigen solche Schätze, sie würden alle Wüsten dieser Erde fruchtbar machen, aber wir sind blind und träge, wir wissen nicht, wie reich wir sind, daß wir die Hebel in der Hand haben, um die Welt aus den Angeln zu heben.

Unser Herr und Gott, um dieses Opfers und um Deines Namens willen, tue etwas Großes, etwas, was dieses Opfers würdig ist! Rette die Sterbenden vor dem ewigen Tod, mache die Kranken, die für Dich arbeiten möchten, gesund.

Sende Arbeiter in Deinen Weinberg, viele Arbeiter, gute Arbeiter, bringe jene, die herumstehen, sonst geht die gewaltige Ernte, gehen Millionen von Seelen im Kampf mit Luzifer zugrunde!

Stärke Deinen Stellvertreter auf Erden, den Papst, wie Du den Elias gestärkt hast auf dem langen Weg nach dem Berge Horeb! Erbarme Dich Deiner Kirche, der Braut Deines Sohnes, die entkräftet und geschändet am Boden liegt. Heilige Deine Priester, alle, die sich Deinem Dienst geweiht haben.
Schenk uns wieder Mädchen, die ihre Jungfräulichkeit hüten wie eine kostbare Perle. Schenk uns wieder Väter, die zeugen und nicht Deine Kraft verschwenden, Mütter, die ihren Schoß Deiner Verheißung öffnen und ihre Brüste den Kindern der Hoffnung darreichen.

Herr, kann es so weitergehen? Mußt Du nicht endlich eingreifen? Hier ist Jesus, hier ist Golgatha, hier ist der Fürst dieser Welt, der hinausgeworfen wird. Vater, wenn wir Dir Jesus darbringen, das wahre Lamm Gottes, dann muß die Erde beben, dann müssen die Gräber sich öffnen, dann müssen die Wächter erschrecken, dann muß die ganze Welt endlich erwachen und erzittern in der Furcht des Herrn!

Mit dem Ruf des römischen Hauptmanns: «Wahrlich, dieser war Gottes Sohn!» wollen wir in die Welt ziehen, wollen wir für ihn Zeugnis geben und seinen Tod verkünden, bis er kommt in Herrlichkeit.
Das gebe uns der Vater, der Sohn und der Heilige Geist. Amen.
(Arnold Guillet)

Vorbereitung auf die Heilige Kommunion

GLAUBEN: Mein Herr Jesus Christus, ich glaube mit ganzer Kraft, daß Du im Altarssakrament wirklich gegenwärtig bist. Ich glaube daran, weil Du selber, die höchste Wahrheit, es gesagt hast. Ich bete Dich an. Ich wende mich der Heiligen Hostie zu und sage mit dem hl. Petrus: „Du bist Christus, der Sohn des lebendigen Gottes".

ANBETUNG: Ich bete Dich an als meinen Schöpfer und Herrn, als meinen Erlöser und mein höchstes einziges Gut.

HOFFNUNG: Mein Herr, da Du Dich in diesem göttlichen Sakrament ganz mir auslieferst, hoffe ich auf Deine Barmherzigkeit und daß Du mir die nötigen Gnaden gewährst, um in den Himmel zu kommen.

LIEBE: Mein Herr, ich liebe Dich aus ganzem Herzen über alles, weil Du mein unendlich liebenswürdiger Gott bist. Verzeih mir, daß ich Dich bisher so wenig geliebt habe. Ich möchte mich mit der Glut der Saraphim lieben: vielmehr mit dem Herzen Deiner und meiner Unbefleckten Mutter Maria. - Aus Liebe zu Dir, o Jesus, will ich meine Mitmenschen wie mich selbst lieben.

DEMUT: O Herr, ich bin nicht würdig, daß Du in mich eingehst, aber sprich nur ein Wort, und meine Seele wird gerettet.

REUE: Bevor ich Dich empfange, Jesus, bitte ich Dich noch einmal um Verzeihung meiner Sünden. Du hast mich so geliebt, daß Du für mich in den Tod gegangen bist, und ich war so böse und habe Dich unzählige Male beleidigt. Hab Erbarmen mit mir, vergib mir, lösch mit Deiner Gnade jede kleinste Sündenschuld aus. Ich möchte ganz rein zu Dir kommen, um Dich würdig zu empfangen.

Tut dies zu meinem Gedächtnis

SEHNSUCHT: Mein Gott, komm in meine Seele und heilige mich. Mein Gott, komm in mein Herz und reinige es. Mein Gott, geh in mich ein, beschütze meinen Leib und laß mich nie von Deiner Liebe getrennt werden. Vernichte alles in mir, was Deiner Gegenwart unwürdig ist und was Deiner Gnade und Liebe widerstehen könnte.

In wenigen Augenblicken ist Jesus in Dir. Das ist der größte und schönste Augenblick des Tages.

Bereite Dich sehr gut vor. Bring Jesus ein liebendes Herz voll Sehnsucht mit. Fühle Dich unwürdig einer solchen Auserwählung und empfange ihn nicht mit einer schweren Sünde im Herzen, auch nicht, wenn Du schon bereut hast, denn Du würdest einen furchtbaren Frevel begehen.

Geh, wenn möglich, während der Heiligen Messe zur Kommunion. Wenn Dir das nicht möglich ist, empfange dann die Heilige Kommunion geistig während der Heiligen Messe, damit Du nur nicht jeden Tag ohne Jesus bleibst.

Denke daran, daß die andächtige Kommunion:
1. In Dir die Gnade bewahrt und vermehrt;
2. Dir die lässlichen Sünden vergibt;
3. Dich vor schweren Sünden bewahrt;
4. Dir Trost und Kraft schenkt;
5. In Dir die Liebe und Hoffnung auf das ewige Leben vermehrt.

Vor der Heiligen Kommunion

Glaube - Göttlicher Heiland! Es war Deiner Liebe nicht genug, zu unserem Heile vom Himmel herabzukommen und für uns zu sterben. Du wolltest auch nach Deiner Himmelfahrt bei uns bleiben, um als guter Hirt unsere Seelen für das ewige Leben zu nähren. Darum hast Du vor Deinem Leiden ein Sakrament eingesetzt, in dem Du wahrhaft gegenwärtig bist bis zum Ende der Zeiten. Auf Dein göttliches, untrügliches Wort hin glaube ich fest und gewiß, daß Du im allerheiligsten Sakramente des Altars unter der Gestalt des Brotes wirklich zugegen bist. Ich glaube es weit fester, als wenn ich Dich mit meinen eigenen Augen sehen würde, weit gewisser, als wenn ich wie der hl. Apostel Thomas Deine heiligen Wunden befühlen dürfte, denn meine Sinne können sich täuschen, aber das Wort, das Du gesprochen: „Dies ist mein Leib", kann mich nicht betrügen.

Anbetung - Ich bete Dich daher an unter der Gestalt des Brotes mit jener innigen Andacht, mit der die Hirten Dich in der Krippe angebetet haben. Ich bete Dich an mit jenem lebendigen Glauben, mit dem sich der hl. Apostel Thomas Dir zu Füßen warf und ausrief: „Mein Herr und mein Gott!" Ich bete Dich an mit jener heiligen Ehrfurcht, mit der jetzt unzählige Engel vor Dir knien. Wahrlich, Du bist vor mir, wie Du im Himmel thronst, und ich werfe mich vor Dir nieder als ein armes Geschöpf, als ein sündhafter Mensch.

Verlangen - Aber nicht bloß anbeten darf ich Dich, ich soll Dich genießen, in mein Herz Dich aufnehmen und mich aufs innigste mit Dir vereinigen. Welch große Gnade ist das für mich, meinen Gott zu beherbergen! Welch ein Glück, meinen Heiland zu empfangen, der für mich so viel gelitten und sein Blut für mich vergossen hat und am Kreuz für mich gestorben ist.

Demut - Doch wie darf ich es wagen, zum Tische des Herrn hinzutreten und den Herrn in mein Herz aufzunehmen, wo ich so voller Sünden bin! Ach, Herr und Gott, wie oft habe ich Dich beleidigt, wie oft meine Seele mit Sünden befleckt, wie oft Deine Liebe gekränkt! Darum bin ich nicht wert, Dein Kind zu heißen. Ich getraue mich nicht zu Dir emporzuschauen. Und nun soll ich Dich gar empfangen, in mein Herz aufnehmen, um mit Dir ganz vereinigt zu werden! O Herr, ich bin nicht würdig, daß Du eingehest in mein Herz!

Vertrauen - Aber wohin soll ich gehen, wenn nicht zu Dir? Zu wem mich flüchten als zum guten Hirten? Wohin soll sich meine kranke Seele wenden als an Dich, ihren himmlischen Arzt? Wem anders als meiner armen, kranken Seele gilt Deine so freundliche Einladung: „Kommet alle zu mir, die Ihr mühselig und beladen seid, ich will Euch erquicken!" So komme ich denn mit Demut und Reue, aber auch mit herzlichem Vertrauen zu Dir. Nur bitte ich Dich, Du wollest zuvor mein sündiges Herz mit Deiner Gnade reinigen, mein kaltes Herz mit der Glut Deiner Liebe erwärmen, mein armes Herz mit der Fülle Deiner Tugenden bereichern, damit es Deine reine und schöne Wohnung werde, die Dir wohlgefällt. Sprich nur ein Wort, und meine Seele wird gesund!

Der Empfang Deines Leibes, Herr Jesus Christus, den ich trotz meiner Unwürdigkeit jetzt zu genießen wage, gereiche mir nicht zum Gericht und zur Verdammnis, sondern nach Deiner Güte zum Schutze der Seele und des Leibes und zur Erlangung des Heils. Amen.

Ich sehne mich nach Dir

Mit großem Verlangen sehnte ich mich
nach diesem glücklichen Augenblick,
an dem meine Seele, oh Jesus,
Deine Wohnung werden soll!

Komm, Jesus, komm, ich warte schon
so lange Zeit auf Dich!
Komm, und erfülle mein Herz mit Deinen
Gaben und himmlischen Gnaden!

Komm, Herr Jesus, mein Herz ist bereit,
und will Dich immer lieben!
Komm schnell und hilf mir
Dir echte Liebe zu bezeugen!

Komm, Heiland, ohne Dich kann ich nichts.
Gib mir Dein heilig Fleisch und Blut
mein Herz ist schon voller Freude!
Nähre mich mit Deiner Gottesliebe Glut.

O komm, Herr Jesus! Komm, Heiland,
meiner Seele bester Freund,
und bleibe für mein ganzes Leben
auf innigste mit mir vereint!

Voll Ehrfurcht falte ich meine Hände
und neige mich vor Deinem Licht
und warte sehnlichst auf Dein Kommen.
Du kommst, und mehr begehr' ich nicht!

Jesus, komm zu mir

O wie sehn' ich mich nach Dir!
Meiner Seele bester Freund, wann werd' ich mit Dir vereint? Tausendmal begehr' ich Dein Leben ohne Dich ist Pein. Tausendmal seufze' ich zu Dir: O mein Jesus, komm zu mir! Keine Lust ist in der Welt, die mein Herz zufrieden stellt. Deine Liebe, Herr allein, kann in Wahrheit mich erfreu'n, darum seh'n ich mich nach Dir, eile Jesus, komm zu mir. Nimm mein ganzes Herz für Dich und besitzt es ewiglich.
Zwar bin ich Herr, nicht rein, daß Du kehrest bei mir ein, doch ein Wort aus Deinem Mund und die Seele wird gesund. Herr, ich wart mit Ungeduld, sprich, das Wort der Gnad' und Huld. Daß ich Deiner würdig sei, Dein mich jetzt und ewig freu'. Amen.

Mein göttlicher Heiland!
Wie groß und mächtig bist Du! Wie klein und schwach bin ich! Ich bin ja nur ein armseliger Mensch, ein Geschöpf Deiner Hand, Staub und Asche. Ein so großer Heiliger wie Johannes der Täufer hat gesagt, er sei nicht würdig, Dir die Schuhriemen aufzulösen. Aber welche Worte der Demut soll ich armer Sünder sprechen, wenn Du in mein Herz kommen willst?
Laß mich in dieser Heiligen Stunde die Bitte des Hauptmanns wiederholen: „O Herr, ich bin nicht würdig, daß Du eingehst in mein Herz; aber sprich nur ein Wort, so wird meine Seele gesund."

O mein Gott!
Ich weiß es - je mehr Du geben willst, umso mehr steigerst Du das Verlangen. Ich fühle in meinem Herzen unermeßliche Wünsche und mit Vertrauen bitte ich Dich zu kommen und von meiner Seele Besitz zu ergreifen. Ach! Ich kann die Heilige Kommunion nicht so oft empfangen wie ich es gerne möchte, aber, Herr, bist Du nicht allmächtig? Bleibe in mir wie im Tabernakel und entferne Dich nie von Deiner kleinen Hostie. Amen.

Betrachtung des Ave Maria zur Kommunion

Heilige Jungfrau, ich empfange nun Deinen Jesus. Ich möchte daß mein Herz wie Deines wäre, als Du bei der Verkündigung durch den Engel Mutter des Erlösers wurdest.

Gegrüßt seist Du Maria

Ich grüße Dich, gute Mutter. Erlaube mir, daß ich mich mit Dir verbinde, um Jesus anzubeten. Leih mir Deine Liebe, ja bete Du ihn für mich an, wie Du ihn bei der Menschwerdung in Deinem jungfräulichen Schoß angebetet hast. Ave, Du wahrer Leib Jesu, aus der Jungfrau Maria geboren, ich glaube und bete Dich an.

Voll der Gnade

Du, o Maria, warst würdig, den ganz Heiligen Gott zu empfangen, weil Du vom ersten Augenblick Deines Lebens an voll Gnade warst. Aber ich bin arm und sündig. Meine Bosheit macht mich unwürdig, zur Heiligen Kommunion zu gehen. O Mutter, bekleide mich mit Deinen Verdiensten und führe mich zu Jesus.

Der Herr ist mit Dir

Der Herr ist mit Dir, o Heiligste Jungfrau. Du hast ihn mit Sehnsucht vom Himmel in Deinen Schoß herabgezogen. Entflamme auch in meinem Herzen solche Sehnsucht und einen unstillbaren Hunger nach Jesus, daß ich in Wahrheit zu Ihm sagen kann: „Komm, mein Jesus, ich ersehne Dich mit dem Herzen Deiner und meiner Mutter Maria".

Du bist gebenedeit unter den Frauen

O Maria, Du Gesegnete, die niemals die Last begangener Schuld kannte, weil Du von jeder Sünde und Unvollkommenheit frei warst. Ich weiß aber um meine Sünden und bin mir nicht sicher, ob ich sie genügend bereut habe. Lass mich die Bosheit meiner Sünden und die Güte Gottes, den ich beleidigt habe, begreifen. Ich weine über meine Sünden. Stelle Du mich so voll Reue Deinem Jesus vor.

Und gebenedeit ist die Frucht Deines Leibes
Gute Mutter, welch großes Geschenk hast Du uns doch mit Jesus, unserem Erlöser, gemacht. Sieh, er will zu mir kommen, um aus mir ein Kind zu machen, das Deinem Herzen lieb ist. Ich empfange Ihn voll Vertrauen und sage: Mein Jesus, ich überlasse mich ganz Dir. Komm, gib mir die Kraft, Dir treu zu dienen, gib mir die Hoffnung, Dich für immer mit Deiner Mutter im Himmel zu genießen.

Jesus
O Mutter, erbitte mir Deine Gesinnung, die Du hattest, als Du mit ihm zusammen auf Erden lebtest, als Du Ihn beim Namen riefst. Ich empfange Ihn nun und möchte Ihm sagen: „Komm, mein Jesus, ich will Dich mit der gleichen Liebe aufnehmen und verehren, wie es Deine Mutter auf Erden tat. Durch ihre Fürbitte hoffe ich, daß Du mich im Himmel gut aufnehmen wirst."

Danksagung

Heilige Maria, Muttergottes
Wie froh bin ich, Mutter, daß ich mit Deinem Jesus eins geworden bin. Wie habe ich es verdient, daß mein Herr zu mir gekommen ist? O Maria, Du bist ganz heilig und ohne Sünde, leiste Du Ihm für mich eine würdige Danksagung.
Du hast als erste die Herzschläge Jesu gespürt, den ich jetzt in mich einschließe. Du hast Ihn mehr als alle Heiligen zusammen geliebt und lebtest auf Erden ganz für Ihn. Laß mich jetzt an Deiner Liebe und Anbetung teilnehmen.
Jesus, nimm die Liebe Deiner Mutter an, als ob es meine wäre und verweigere mir Deine zärtliche Zuwendung nicht; Auch ich sage Dir aus ganzem Herzen; „Ich liebe Dich!"

Bitte für uns Sünder

Maria, ja bitte für mich, vereine jetzt Dein Gebet mit meinem. Da Jesus wirklich in mein Herz kam und bereit ist, mir alle Gnaden zu schenken, bitte ich Ihn vor allem, daß ich nie durch eine Sünde von Ihm getrennt werde. Du aber bewahre mich vor allem Bösen und sei meine Zuflucht in den Versuchungen.

Jetzt

Nun aber, liebe Mutter, bitte ich um alle Gnaden, die meiner Seele nützlich sind. Erbitte mir Güte und Milde und eine große Reinheit.

Und in der Stunde unseres Todes

O Jesus, ich bitte Dich jetzt schon, daß ich Dich in meiner Todesstunde würdig empfangen darf, und um einen heiligen Tod. Ich will Ihn annehmen, wann und wie Du Ihn zulässt, in Verbindung mit Deinem Opfertod am Kreuz. Ich nehme Ihn an und unterwerfe mich Deinem göttlichen Willen, zur Ehre Gottes, zum Heil meiner Seele und aller Menschen. Schmerzensmutter und meine Miterlöserin, steh mir beim Sterben bei, wie Du Jesus in der Agonie nah warst.

Amen

So sei es: - Jesus, dieses Wort will ich jeden Moment meines ganzen Lebens wiederholen. Immer geschehe Dein Wille. Alles, was Du fügst, ist für mich das beste. Ich will jetzt schon alles annehmen und danke Dir dafür. So sei es. (P. Stefano M. Manelli)

Danken und Bitten nach der Hl. Kommunion

Anbetung. Wie wunderbar ist Deine Güte und Barmherzigkeit, Jesus! Du, der Herr des Himmels und der Erde, bist nun zu mir Sünder gekommen, um Dich in so inniger Weise mit mir zu vereinigen. In tiefster Demut bete ich Dich an mit allen Engeln und Heiligen und allen Geschöpfen der Erde.

Danksagung - Wie soll ich Dir vergelten, o Herr, das unendliche Glück Deiner Einkehr bei mir! Wenn auch alle Geschöpfe sich mit mir verbänden, wäre das Opfer meines Dankes noch viel zu gering. Aber ich weiß es, was Du vorzugsweise von mir verlangst und was Dich erfreut.

Aufopferung - Du willst mein Herz. Du hast es erschaffen. Du hast es am Kreuze mit Deinem Blute erlöst und durch den Empfang der Heiligen Sakramente so oft schon in Deinen Besitz genommen. Es gehört also nicht mir, sondern Dir. Siehe denn, ich opfere und übergebe es Dir ganz. Ich schenke Dir meinen Leib und meine Seele, mein Verstand und meinen Willen, all mein Empfinden und Wünschen. Laß mich nie vergessen, daß ich Dein Eigentum bin.

Bitte - Jetzt, wo Du bei mir bist, um mir Deine göttliche Liebe und Güte zu erweisen, darf ich Dir auch vertrauensvoll klagen, was mir noch mangelt. Mir fehlt es an Demut. Ich überhebe mich so gern in meinen Gedanken und Worten und unterwerfe mich so schwer des Befehlen der andern und Deinem göttlichen Willen. So gib mir von Deiner Demut, mit der Du, der allmächtige Gott, als ein kleines Kind in der Krippe lagst. Gib mir von Deinem Gehorsam, der Dich Dein ganzes Leben hindurch bis zum Kreuze begleitet hat. Gib mir von Deiner Verachtung aller eitlen Ehre und selbstsüchtigen Geltung bei den Menschen.
Ich bin nicht geduldig, nicht sanftmütig; ich klage über jedes kleine Kreuz, obgleich ich weiß, daß Deine Vaterhand, o mein Gott, es mir auferlegt. O gib mir von Deiner endlosen Geduld, mit der Du Dein schweres Kreuz auf den Kalvarienberg getragen hast.

Laß nicht zu, daß ich meinen Geist durch unreine Gedanken beschmutze, oder mein Herz durch unkeusche Lust beflecke, oder meinen Leib, der ja Dein Tempel ist und durch Deine Gegenwart immer wieder geheiligt wird, durch eine unreine Sünde entweihe, sondern gib, daß ich Dir diene und mit reinem Herzen Dir gefalle.

Schütze und stärke mich in meinen Versuchungen und Kämpfen, bewahre mich vor den Nachstellungen des bösen Feindes, damit ich Dir anhänge und gehöre bis in den Tod.

Segne auch, Du gütigster Jesus, meine Eltern, meine Seelsorger, meine Geschwister, meine Freunde und Feinde. Alle, für die ich zu beten verpflichtet bin, empfehle ich Dir. Laß sie teilnehmen an Deiner Gnade und Deinem göttlichen Segen! Auch die armen Seelen im Fegfeuer sollen durch Deine Barmherzigkeit in Frieden ruhen. Amen.

Danke für die Kommunion

Mein Herr und mein Gott,
Du bist nun wirklich und wahrhaftig bei mir,
wie einst bei Deinen Jüngern beim Letzten Abendmahl.
Mein ganzes Herz ist voll Freude und Dank.

Was kann ich Dir für alles, was Du mir getan hast,
nur geben? Ich habe nichts als mich selbst.
Nimm mich ganz hin, lieber Jesus,
so, wie Du Dich mir ganz geschenkt hast!
Nimm meinen Leib und meine Seele,
nimm alles, was ich denke, spreche oder tue!

Es soll alles zu Deiner Ehre sein.
Dein bin ich Jesus! Nichts soll mich von Dir trennen!
In Glück und Unglück, in Freud und Leid bleibe ich Dein.
Dich will ich lieben, auf Dich vertrauen, Dir folgen und Dir dienen.
Jesus, Dir lebe ich, Jesus, Dir sterbe ich, Jesus, Dein bin ich,
tot und lebendig.

Bleibe bei uns, oh Herr, mit Deiner Gnade und Güte,
mit Deinem Heiligen Wort und Sakrament,
mit Deinem Trost und Segen.

Bleibe bei uns, wenn über uns kommt
die Nacht des Zweifels und der Angst,
die Nacht der Armut und der Verlassenheit,
die Nacht der Krankheit und des bitteren Todes.
Bleibe bei uns und bei allen Deinen
Gläubigen in Zeit und Ewigkeit. Amen.

Gebete vor dem Tabernakel

JESUS ist verborgen im Tabernakel

Mein Himmel für mich!
Mein Himmel, er ist in
der kleinen Hostie verbogen,
Wo Jesus, mein Bräutigam,
sich aus Liebe verhüllt.
Ich gehe, um an diesem
göttlichen Herd Leben zu schöpfen.
Und dort hört mich mein milder Erlöser
Bei Nacht und bei Tag.
„O welch glücklicher Augenblick,
wenn Du, mein Vielgeliebter,
in Deiner Zärtlichkeit kommst,
um mich in Dich umzugestalten!
Diese Liebeseinigung, diese
unaussprechliche Berauschung,
Sieh, das ist mein Himmel für mich!"
(Hl. Therese vom Kinde Jesus)

Mein Herr und mein Gott, o mein Jesus, Dir sei allezeit Lobpreis
und Dank, Jesus, im Vater allmächtig, Du Einer, Ewiger, für mich
im Tabernakel verborgen.
Wie viel Mut braucht es, Herr, wie viel Demut, daß Du, Höchster,
für uns Menschen so klein wirst, Dich in die Hände Deiner Priester hingibst und so zum Geschenk für uns alle wirst.
Jesus, verborgen im Tabernakel überwindest Du, was uns fehlt,
um Dir nahe zu sein. In aller Not, in aller Freude möchte ich
bei Dir verweilen und still werden, damit ich mich Dir schenken
kann.
Dein Herz soll in meinem Herzen schlagen, Deine Liebe will ich
spüren und, was eigen an mir ist, soll ganz in Dir verbrennen.

Die Glut Deiner Liebe gibt mir die Kraft, in all den Tagen Deinen Weg zu sehen. Stelle mir doch Deine heiligste Mutter zur Seite, Jesus, damit ich die Kraft finde, Deinen Weg zu gehen. Nicht nach links und rechts blickend, auf Meinungen horchend, Jesus, nur Dich will ich sehen.

Mir fehlt alles, was in Dir ist. Vergib mir, Herr, daß ich so unvollkommen bin.

Zeige mir, was mir fehlt, sei mir ein barmherziger Lehrer und führe Du mich aus der Sünde heraus. Ich bin nichts, doch mit Dir, in Deiner Liebe geborgen, vermag ich alles zu tun.

Berühre mich, zeige mir, was ich für Dich, Jesus, tun kann. O Jesus, ich lade Dich ein. Komm, o komm zu mir, in mein unwürdiges Herz. Finde darin Deinen Platz und gib, daß ich Dir ganz und gar dienen kann. Du kannst mich in Deiner Liebe und durch Deine Liebe wandeln - tu es!

Jesus, verborgen im Tabernakel, Du kostbarer Schatz vom Vater an uns Menschen verschenkt, heilige die, durch deren Hände Du uns geschenkt wirst, Deine Priester! Schenke ihnen Mut und Demut, Dich zu sehen. Zeige ihnen die gewaltige göttliche Kraft der Heiligen Wandlung, die Liebe, die Du ihnen zuteil werden läßt.

Berühre sie und berühre junge Menschen, den Weg Deiner Nachfolge zu gehen. Rufe sie, Herr Jesus, verborgen im Tabernakel, rufe sie für Dich und für uns, damit wir nicht alleine sind, Amen! (Hl. Theresia von Avila)

Gebet vor dem allerheiligsten Sakrament

O Jesus, mein Herr und Gott, ich glaube, daß Du im heiligsten Sakrament als Gott und Mensch, mit Leib und Seele, mit Fleisch und Blut, wahrhaft, wirklich und wesentlich gegenwärtig bist. Meine leiblichen Augen bist Du zwar verborgen, aber im Lichte des Glaubens schaue ich Dich mit den Augen des Geistes und erkenne unter der Gestalt des Brotes Deine göttliche Majestät und Herrlichkeit. - Stärke meinen Glauben, o Jesus!

Ich glaube und bekenne, daß Du in diesem Geheimnis derselbe bist, der von Ewigkeit zu Ewigkeit als einiger Gott lebst und regierst mit dem Vater und dem Heiligen Geiste; daß Du derselbe bist, der in der Fülle der Zeiten aus Liebe zu uns vom Himmel herabgekommen und Mensch geworden; daß Du derselbe bist, der um unseres Heiles willen am Kreuze gestorben, aus dem Grabe wieder auferstanden und glorreich in den Himmel aufgefahren ist und dereinst kommen wird, zu richten die Lebenden und die Toten. - Stärke meinen Glauben, o Jesus!

Ich glaube, daß dieser Dein Leib wahrhaft eine Speise und Dein Blut wahrhaft ein Trank ist; daß Du mir diese himmlische Speise bereitest zur Nahrung meiner Seele und zum Unterpfand meiner künftigen Auferstehung.

In diesem Glauben, o Jesus, beuge ich meine Knie und bete Dich in tiefster Demut an als meinen Herrn und Gott, als meinen Erlöser und Seligmacher. Möchten doch alle Menschen Dich erkennen und lieben, Dich preisen und anbeten, wie die Auserwählten des Himmels, die im Glanze Deiner göttlichen Majestät Dich schauen und nicht aufhören, Dich zu loben und zu verherrlichen in Ewigkeit. Amen.

Herr, bleibe bei uns!

Herr Jesus Christus, Du bist Mensch geworden und unser Bruder, einer von uns.

Dein Leben und Dein Wort weisen uns den Weg zu Gott, unserem guten Vater.

Laß uns Deine Wege immer besser verstehen.

Laß uns die Wahrheit Deiner Worte aufgehen, daß sie auch unser Herz erfüllt.

Laß uns bei Dir erfahren, was uns zu einem Leben hilft, das glückt.

Wie den Jüngern von Emmaus deutest Du uns auch heute die Schrift.

Du lädst uns ein zum Mahl, in dem Du uns Deine Gegenwart schenkst.

Im Zeichen des gebrochenen Brotes erkennen wir Deine liebende Hingabe am Kreuz.

Im Mahl der Eucharistie an Deinem Tisch gibst Du uns das Brot des Lebens, Deine Nähe.

Du nimmst uns hinein in die Liebe Deines Herzens.

So bleibe bei uns, Herr, alle Tage unseres Lebens.

Du bist unter uns gegenwärtig im Zeichen des eucharistischen Brotes.

Dankbar stehen wir vor Dir, denn Du hast uns in Deine Nähe gerufen.

In der Gemeinschaft aller Gläubigen bringen wir unsere Freude, aber auch unsere Not vor Dich.

In stillem Staunen und in demütiger Anbetung knien wir vor Dir.

Wir schauen Dich,

und Du siehst uns.

Laß uns dabei die Liebe Deines Herzens erkennen,

damit wir Dir antworten können mit unserer Liebe zu Dir und zu unseren Brüdern und Schwestern.

In Deiner Kirche loben und preisen wir Dich mit dem Vater im Heiligen Geist heute und alle Tage dieses Lebens bis in Ewigkeit. Amen.

Besuch des heiligsten Altarsakramentes

Jesus Christus, mein Herr, aus Liebe zu den Menschen bleibst Du Tag und Nacht aus erbarmender Liebe in diesem Sakrament und wartest. Du rufst und nimmst alle an, die Dich besuchen kommen. Ich glaube an Deine Gegenwart im heiligsten Sakrament des Altars.

Ich verehre Dich aus dem Abgrund meines Nichts und danke Dir für die vielen empfangenen Gnaden, besonders weil Du Dich selbst im Sakrament mir schenkst, daß Du mir Deine Heilige Mutter als Fürbitterin gabst und daß Du mich in Deine Kirche gerufen hast.

Heute will ich Dein liebevolles Herz aus drei Gründen grüßen: Erstens aus Dankbarkeit für dieses große Geschenk. Zweitens um alle Beleidigungen, die Du von Deinen Feinden in diesem Sakrament erlitten hast, gutzumachen. Drittens will ich Dich durch diesen Besuch an allen Orten auf Erden verehren, wo Du in der Eucharistie vernachlässigt und verlassen bist.

O Jesus, ich liebe Dich aus ganzem Herzen. Ich bereue, daß ich in der Vergangenheit oft Deine unendliche Güte enttäuscht habe. Mit Deiner Gnade nehme ich mir vor, Dich in Zukunft nicht mehr zu beleidigen. Jetzt aber weihe ich mich, so armselig ich auch bin, ganz Dir. Ich übergebe Dir meinen Willen und verzichte darauf; ich übergebe Dir meine Liebe, meine Wünsche und alles, was ich habe.

Mach Du ab heute mit mir und mit dem, was ich habe, alles was Dir gefällt. Ich bitte Dich darum und will nur Deine heilige Liebe, die Beharrlichkeit bis ans Ende und die vollkommene Erfüllung Deines Willens.

Ich empfehle Dir die Armen Seelen, besonders die Verehrer der Heiligsten Eucharistie und der Gottesmutter. Ich empfehle Dir auch alle armen Sünder.

Endlich, mein Erlöser, verbinde ich meine ganze Liebe mit der Liebe Deines liebenswürdigsten Herzens. Ich opfere sie dem ewigen Vater auf und bitte ihn in Deinem Namen, daß er sie um Deiner Liebe willen annehme und erhöre. Amen.

Tut dies zu meinem Gedächtnis

Gebet zum hl. Pater Pio

Heiliger Pater Pio, Du hast von Gott das Charisma der Seelenschau erhalten. Du kanntest den Seelenzustand Deiner Beichtkinder. Du konntest ihnen verschwiegene oder vergessene Sünden aufzählen. Daran konnten die Gläubigen erkennen, daß Du ein wahrer Mann Gottes bist. Zeige auch mir, wie ich mit Gott ins Reine komme und wie ich an mir arbeiten muß, damit mich Jesus zu den Seinen zählen kann. Jesus gestand seinen Jüngern: „Wie hatte ich verlangt, dieses Passahmahl mit Euch zu essen" (Lk 22,14).

Lieber hl. Pater Pio, auch Du hattest großen Hunger nach der Heiligen Kommunion. Wecke auch in mir dieses Verlangen und begleite mich zum Tisch des Herrn. Wenn er Dein schönes hochzeitliches Gewand sieht, freut er sich und übersieht meine arme, sündige Seele. Erbitte mir die Gnade, daß ich Jesus mit großer Ehrfurcht empfange, ihn herzlich begrüße zusammen mit dem Vater und dem Heiligen Geist, daß ich meinen gegenwärtigen dreieinigen Gott im Geist und in der Wahrheit anbete, ihm meine Anliegen vorbringe, aber auch die Nöte und Sorgen der Meinen und der ganzen Kirche.

Hl. Pater Pio, bitte Jesus auch darum, daß er in diesem Gottesdienst keine unwürdige Kommunion zulasse, daß er allen Kommunizierenden die Gnade einer vollkommenen Reue schenke und sie vor einem Sakrilegium bewahre.

Hl. Pater Pio, wie Dein göttlicher Meister, so hast Du Dich Deines Volkes erbarmt. In der abgelegensten und unfruchtbarsten Gegend von Süditalien hast Du das Haus zur Linderung der Leiden, einen riesigen Spitaltrakt mit den modernsten Einrichtungen, gebaut. Das war eine karitative Großtat. Und das hast Du alles durch Dein Gebet und mit Spendengeldern zustande gebracht. Öffne auch uns die Augen für die soziale Not.

Der hl. Petrus hat die Christen dringend ermahnt: „Seid nüchtern und wachsam: Euer Widersacher, der Teufel, geht umher wie ein brüllender Löwe und sucht, wen er verschlingen kann. Leistet ihm Widerstand in der Kraft des Glaubens" (1 Petr 5,8). Hl. Pater Pio, Du weißt, daß heute viele Christen kaum mehr an den Teufel glauben und so leben, als gäbe es keinen Versucher, der sie mit allen Raffinessen hereinlegen will. Das ist genau die ideale Ausgangslage, die sich der Teufel wünscht, um ahnungslose Menschen überrumpeln zu können.

Hl. Pater Pio, Du hast Dein ganzes Leben lang gegen den übermächtigen „Riesen" gekämpft. Öffne mir und allen Gläubigen die Augen, daß wir nach den Worten Christi jenen mehr fürchten, der „nicht nur den Leib, sondern auch die Seele ins ewige Verderben stürzen kann" (Mt 10,28).

Lieber hl. Pater Pio, Du hattest den Rosenkranz ständig zur Hand. Ohne intensiven Kontakt zur Gottesmutter hättest Du niemals Deine großen Werke vollbringen können. Erbitte auch uns eine kindliche Liebe zur Gottesmutter. Dein Beispiel soll uns ein Ansporn sein, den Rosenkranz künftig oft zu beten. Du hast den Deinen versprochen: „Nach meinem Tod werde ich Euch vom Himmel aus noch mehr helfen können als zu Lebzeiten."
(Arnold Guillet)

5. Impressum

Pilgern, Bücher & Devotionalien * Peter Koros
Schäferweg 5 * D-97616 Bad Neustadt/Saale
Tel. 09771- 991390   Fax 09771- 991380
E-Mail: Peter-Koros@T-Online.de
Internet: www.koros.de
USt-IdNr.: DE228161156

Andere Publikationen vom Verlag Peter Koros:

„Segnet, um Segen zu erlangen"

Buch von Karin und Peter Koros mit Themen zum Glaubensleben, Zeugnissen der Hilfe vom Himmel, mit Predigten von Pfr. Klaus Müller
224 Seiten, Format 13 x 18 cm
9,50 € plus Porto
ISBN: 3-00-012249-4

Dieses Buch hat nach vielen Hindernissen und großen Startschwierigkeiten einen überwältigenden Anklang bei den Menschen gefunden. Wurden doch in nur 1 ½ Jahren bereits 10.000 Stück davon verkauft. Viele Menschen durften durch die Gebete und Anregungen zum Segnen große Hilfe vom Himmel erfahren.

„Herzensgedanken"

Eine Gedankenlyrik von Karin Koros mit Gedanken, Anregungen und Inspirationen die von Herzen kommen und zum Herzen gehen. Gebundene und hochwertige Ausführung.
52 Seiten, Format 15 x 15cm
7,50 € plus Porto
ISBN: 3-9810536-0-5

Biographie der Autoren

Pater Petar Ljubicic OFM

wurde 1946 in Kroatien als erstes von 10 Kindern geboren. Seine Eltern wünschten sich nach Ihrer Heirat sehnlichst ein Kind. Doch erst nach sechs Jahren beharrlichen Gebetes stellte sich der erflehte Nachwuchs ein. Im Herbst 1962 trat er in das Priesterseminar ein. Nach dem Abitur trat er in das Noviziat der Franziskaner ein. Er studierte Theologie und am 29. Juni 1972 empfing er die Priesterweihe.

Als Priester wirkte er seither in verschiedenen Pfarreien (Kroatien, Schweiz und Deutschland).
Besonders erwähnt sei hierbei seine über zehnjährige Tätigkeit in der Pfarrei von Medjugorje, wo er sich vor allem der Pilgerbetreuung widmete und einen gewissen Bekanntheitsgrad erlangte.
Seine beiden Bücher über die Muttergottes: „Der Ruf der Königin des Friedens" (Auflage von über 100.000 in verschiedenen Sprachen) und „Dies ist die Zeit der Gnade" haben bei den Lesern großen Anklang gefunden.
Von ihm gesammelte Beispiele sind in dem Buch „Beispiele, die ermutigen, anziehen, aber auch ermahnen" erschienen.
Er hält gerne Exerzitien, Einkehrtage und Gebetstreffen.
Seine Zuhörer will er besonders darauf aufmerksam machen, daß wir in einer Gnadenzeit leben und daß Gott uns unendlich liebt. Wir sollen jeden Augenblick unseres Lebens so leben, daß wir ihn in einen Augenblick der Rettung für uns selbst und für unsere Schwestern und Brüder umsetzen können.

Pater Dietrich von Stockhausen CRVC

1942 im Emsland in Aschendorf geboren und aufgewachsen.

1967 Begegnung mit dem hl. Pater Pio
in San Giovanni Rotondo
und dabei Umkehr des Lebens,
die zum Theologiestudium führte.

Studium der Theologie in Freiburg
i.Br. und Regensburg.

1973 Priesterweihe in Regensburg
durch Bischof Rudolf Graber.

1977 Ordenseintritt bei den Augustiner Chorherrn,
Brüder vom Gemeinsamen Leben in Maria Bronnen
bei Waldshut-Tiengen am Hochrhein.

bis 1991 Pfarr - Administrator in der Pfarrei von
Gurtweil und Aichern bei Waldshut-Tiengen

1991 - 95 Pfarr - Administrator in der Pfarrei Maria Saal
in Kärnten - AUSTRIA .
und
Spiritual und Religionslehrer am Gymnasium Tanzberg
in Kärnten - AUSTRIA

1995 - 97 Seelsorgedienst für die deutschsprachigen Pilger
in Medjugorje

seit 1998 Rektor der kirchlichen Gebetsstätte Heroldsbach
in der Diözese Bamberg.

Peter Koros

wurde 1948 im Allgäu geboren.

1966 fand der Umzug nach Unterfranken statt.  Nach der Heirat und Gründung einer Familie folgte auf dem zweiten Bildungsweg die Ausbildung zum Industriefachwirt und Betriebsinformatiker, sowie spezielle Schulungen in Menschenführung und gruppendynamischem Verhalten.

Er war angestellt in Großbetrieben der Industrie, im Management als Organisationsleiter für den integrierten Computereinsatz.

Später dann selbstständiger Unternehmensberater, mit eigener Systemanalyse und Softwareentwicklung für Planungs- und Logistik-Systemen.

Nach der Bekehrung zum katholischen Glauben im Jahre 1992 hat er später alles andere aufgegeben und arbeitet jetzt nur noch für Gott.
Er lebt seitdem mit seiner Frau aus der Vorsehung Gottes.

Seine Ausbildung kommt ihm heute bei der Organisation von Pilgerfahrten und in der „Pilgerseelsorge" zu gute.

Die gute Freundschaft zu Pfr. Klaus Müller, der leider viel zu früh verstarb, prägte ihn. Er konnte viel von ihm in Glaubensfragen und in der Mystik lernen. Kurze Zeit vor seinem Tod gab Pfarrer Klaus Müller noch Peter Koros die Erlaubnis und auch den Auftrag, die Predigten, die er bisher gehalten hatte, nieder zu schreiben und in Büchern zu verbreiten.

Literaturverzeichnis, weiterführende Literatur

Ulrich Filler: Liturgie Das Herz der Kirche.
  fe –medienverlags GmbH 88353 Kisslegg
      ISBN 3-928929-42-9   Auflage 2002

Die Feier der Eucharistie.
      St. Benno Verlag GmbH 04159 Leipzig
          ISBN 3-7462-1787-3   Auflage 2005

Ludwig Gschwind: Die heilige Messe
      - Symbole, Farben, Handlungen
      St. Ulrich Verlag GmbH Augsburg
          ISBN 3-929246-22-8   Auflage 1997

Pfr. Franz Rudrof: Heilige Messe
      – Geheimnis unseres Glaubens
      Selbstverlag. Ottobeuren

Klaus Weyers: Die Heilige Messe
      - Ein kurzweiliger Leitfaden
      St. Benno Verlag GmbH 04159 Leipzig
          ISBN 3-7462-1753-9   Auflage 2005

Pfr. Karl Maria Harrer: Die schönsten eucharistischen Wunder.
      Heft 1-5
      Miriam Verlag 79798 Jestetten

Pater Slavko Barbaric: Feiert die Heilige Messe mit dem Herzen
      Informativni Centar MIR Medjugorje BiH
          ISBN 9958-37-025-5   Auflage 2002

Klemens Kiser: Das Heilige Meßopfer – in Schauungen erlebt.
      von Bruder Kostka
      Theresia Verlag CH-6424 Lauerz
          ISBN 3-908542-60-X

P. Stefano Maria Manelli: Jesus, die eucharistische Liebe
Das Leben mit der Eucharistie nach dem Vorbild der Heiligen.
Aus dem italienischen übersetzt: Esther Ferrari
Franziskanerkloster - Josef-Heroldstr.11 A-6370 Kitzbühl

Sekretariat der Deutschen Bischofskonferenz – 53113 Bonn
Verlautbarungen des Apostolischen Stuhls
VAS-159 ECCLESIA DE EUCHARISTICA
VAS-160 DIREKTORIUM ÜBER DIE VOLKSFRÖMMIG-
KEIT UND DIE LITURGIE
VAS-164 REDEMTIONIS SACRAMENTUM

Bischof Gerhard Ludwig Müller: Die Messe
– Quelle Christlichen Lebens
Sankt Ulrich Verlag GmbH Augsburg
ISBN 3-929246-90-2   2. Auflage 1997

Anselm Grün OSB: Eucharistie und Selbstwerdung
Vier-Türme-Verlag Münsterschwarzach
ISBN 3-87868-423-1   6. Auflage 1997

Max Schenk: Das Heilige Messopfer
Theologische Überlegungen zur
Eucharistielehre der Kirche

Msgr. Dr. Johannes Gamperl: Geheimnis des Glaubens –
Die heilige Messe leben.
Oase des Friedens- Postfach 19 / A-1123 Wien
ISBN 3-901726-01-2

Silvia Secchi-Piazza: Monatsmagazin „EWIG"
Serie über die Eucharistie in den Monatsheften
Assisi-Verlag CH-6044 Udligenswill

Bildernachweis

Die Urheberrechte © für die Bilder auf der Seite ..... sind bei ....

Pfr. Franz Rudrof, Ottobeuren, für die Erben Georgie Wölfle:
37, 45, 47, 48, 51, 61, 62, 87

„Die Stimme Padre Pios", Konvent der Kapuziner,
I-71013 San Giovanni Rotondo:
46, 54, 55, 142

Santuario del Miracolo Eucharistico
I - 66034 Lanciano
173, 174

Santuario Basilica S. Rita
I - 06034 Cascia
175

Albrecht Weber - Weto Verlag, Meersburg:
178

Maria Wirsing Bad Neustadt:
180, 181

Pater Petar Ljubicic, Blankenau:
56, 58, 231

Pater Dietrich von Stockhausen, Heroldsbach:
38, 66, 232

Peter Koros, Bad Neustadt:
14, 18, 19, 21, 22, 25, 64, 173, 174, 175, 233
plus Fotomontage auf Umschlag und Seite 15

Verzeichnis der Abschnitte auf der CD

Diesem Buch liegt eine Audio CD mit einem ergänzenden Vortrag von Pater Dietrich von Stockhausen zum Thema des Buches bei. Gesamtspielzeit 68 Minuten.

Titel: **Der Ablauf der Heiligen Messe**
– in Worten, Symbolen und Zeichen

Die CD ist in folgende Abschnitte aufgeteilt:

Inhaltsverzeichnis